品读13位诗词大家的鲜活人生

读懂诗人才懂诗

浦宇平 著

第二季

山东科学技术出版社
·济南·

自序

开始做《读懂诗人才懂诗》这档节目，是两年之前。说实话，没想到会这么受欢迎，这么多人喜欢，到现在已经有 700 多万次的播放量，有三十多万人订阅。很多家长都加了我们的微信群，孩子们一边听我们讲诗人词人故事，一边去读诗背诗。作为一个老师，也作为一个比孩子们多走了这么些年路的平"哥"，发自内心地感到很欣慰，也很感激。有这样的机会，把多年所学拿出来，和孩子们分享，是我的荣幸。

学诗词，是几乎所有中国人成长的一门必修课，是从小背起的。但是诗词该怎么学，很多家长感到困惑。其实，也不难。我讲的东西都不新鲜，都是前人既有的。诗词，是唐宋两朝诗人词人们写的；故事，也是这些诗人词人用他们的人生去真实演绎的，后人记录，经千年时光磨洗，被我所知，又借我之口，说给各位来听。文学的起源，就是有故事要传说，有思想要表达，有感情要抒发，落成文字，就是文学。传承千年的这些诗词，正是诗人词人在他所处的时空里要抒发的感情，要表达的思想，要传说的故事。所以，如果我们能设身处地去理解诗人词人当时的处境，自然也就理解了他的作品。杜甫的《三吏》《三别》，不好理解吧？但如果我们知道那是杜甫在战乱中的亲身经历，就能理解这六首诗的主旨了；李白写《行路难》，那是他在经历起落之后，切身感受到人世间的困难；骆宾王的《在狱咏蝉》，也不好理解，不过了解了那一段和武则天有关的公案，自然就明白了……我们选择从诗人词人故事、生平的角度来讲诗词作品，说白了，讲的还是诗词和文学，只是选择了一个更有意思的角度，也是一个更容易让人理解的角度，从诗人词人的故事来讲，也是一种"知人论世"吧。当这些诗人词人在我们面前变成一个个活生生有血有肉有爱有恨的人的时候，这一个个鲜活的人物，不再是纸面上课本里枯燥的文字，于是他们的作品也变得不再那么难读难懂了。

讲故事，讲道理，赏析诗词，这就是传承。人的知识、见解，乃至社会的文化，人类的文明，都是渐次积累传承下来的，这也是一种缘分。是我和唐宋文人之间跨越千年的缘分，也是我和各位读者——不论是家长还是孩子之间的缘分，更是各位和这个有着千年悠久传承的文明之间的那种玄之又玄的缘分。

唐诗宋词是极其凝练精准的文字表达，短短十几个、几十个字背后，是作者深厚的积累，喷薄而出的情感，还有对世态炎凉世事变迁的感慨。不了解这个人，不了解他走过的路，我们真的很难读懂一首诗词。为什么李白如此洒脱，杜甫却总是如此深沉？不仅因为性格使然，更因为两人的经历不同。性格决定命运，而时代的大潮又一次次地改变了两人生活的轨迹。还有苏东坡，我曾在复旦大学图书馆翻出三十多本关于苏东坡的书，一本接着一本地读，这个一肚子不合时宜的苏大学士，是近千年以来，中国读书人的里程碑和风向标。我羡慕他的才情，佩服他的胸襟，同情他的遭遇，感慨他的处境。看到大块的红烧肉，我想到他，这个天生的美食家；看到翠绿的竹林，我想到他，这个"宁可食无肉不可居无竹"的读书人；去海南旅游，我想到他，即便被发配到这天涯海角，也忘不了文化的传承，培养出海南历史上第一位进士；哪怕给大家讲《三国演义》，我也会想到他，《前后赤壁赋》，那是中国文学史上无法磨灭的篇章；

自序

春游的时候我想到他,"花褪残红青杏小,燕子飞时,绿水人家绕";工作烦累的时候,我想到他,"长恨此身非我有,何时忘却营营";哪怕失意困顿的时候,我还会想到他:"竹杖芒鞋轻胜马,谁怕?一蓑烟雨任平生。回首向来萧瑟处,归去,也无风雨也无晴。"

今天要说的不只是苏东坡。《读懂诗人才懂诗》这个专辑,上下两部,现在成书,有三十位诗人词人在列。苏东坡,只是其中之一。我想说的是,从这些文人的故事里,从他们身上,我们看到的,远不止是一个个有趣的故事,也不止是一首首华丽的词章。从他们的故事和作品里,我领悟了读书的三种境界:见自己,见众生,见天地。

从他们鲜活的人生里,我们能见自己,因为每一个活在当下的中国人身上,都流淌着唐诗宋词的文化血脉。

从他们颠沛流离的人生际遇和丰沛殷实的创作热忱里,还能见到众生,那是玲珑圆通的世态万象、人间百态。是他们,让曾经和你们一样年轻的我知道,原来人生可以如此精彩,原来人生会有如此之多的艰难,原来世上有那么多值得我们去追求的东西。让我知道,原来思念可以这么美丽,原来雨过一定会天晴,原来在世上走一遭,有这么多种可能。

从他们传世的作品里,我们能见天地,见到天地之广袤与博大,因为他们的作品打开了一扇扇通向艺术殿堂、彰显人性光芒的窗户,把瑰丽幻彩的世界呈现在我们面前。

他们的作品,是中国唐诗宋词的代表。他们的品性,是中国读书人的风范。我谨以最大的诚意,邀请你与我一起,重走这千年文化之路,荡涤心灵、感悟艺术之美,厚积薄发,探寻灿烂前程。

平哥

李煜 1

南唐后主的"幸"与"不幸"……………………………2

《渔歌子·一棹春风一叶舟》：自由难得……………4

卧榻之侧，岂容他人酣睡………………………………7

《望江南·多少恨》：车水马龙忆当年………………10

《相见欢·林花谢了春红》：时间永不回头…………12

《相见欢·无言独上西楼》：剪不断，理还乱………15

《破阵子·四十年来家国》：对不起列祖列宗………17

《浪淘沙令·帘外雨潺潺》：无限江山看不得………20

《虞美人·春花秋月何时了》：愁如江水悠悠东流…22

柳永 25

奉旨填词柳三变………………………………………26

《鹤冲天》：桀骜不驯的才子词人……………………28

《望海潮·东南形胜》：一首词引发的战争…………32

《雨霖铃·寒蝉凄切》：不止于爱情…………………36

有井水处，即有柳词……………………………………40

《蝶恋花·伫倚危楼风细细》：人生境界……………42

目录

欧阳修 45

好事儿都凑一块儿了 …………………………… 46
《浪淘沙·把酒祝东风》：春风得意 …………… 48
《玉楼春·尊前拟把归期说》：无关风月 ……… 50
《生查子·元夕》：物是人非的感伤 …………… 52
《戏答元珍》：欧阳修的得意之作 ……………… 54
凝练文字的功夫 ………………………………… 57
《画眉鸟》：自由的声音 ………………………… 60

王安石 62

不讲究的"邋遢相公" …………………………… 63
《登飞来峰》：雄心壮志 ………………………… 65
《示长安君》：相聚也悲伤 ……………………… 67
《元日》：不止说新年 …………………………… 69
《泊船瓜洲》：二次拜相的矛盾心理 …………… 71
《梅花》：拗相公，不认输 ……………………… 73
《书湖阴先生壁》：宋诗典范 …………………… 75
《浣溪沙·百亩中庭半是苔》：寂寞的退休生活 … 78
王安石和苏东坡：英雄惜英雄 …………………… 81

苏轼 83

一蓑烟雨任平生 ………………………………… 84
一门父子三词客 ………………………………… 86
《江城子·十年生死两茫茫》：不思量，自难忘 … 89

《水调歌头·明月几时有》：此事古难全…………………… 92
八风吹不动，一屁过江来……………………………………… 95
《赠刘景文》：也是人生好时光……………………………… 98
《饮湖上初晴后雨》：西湖之美……………………………… 100
《六月二十七日望湖楼醉书》：拍案叫绝的景色描写………… 102
父母官的趣味和品位…………………………………………… 104
《江城子·密州出猎》：何日派我再出山？………………… 107
乌台诗案：独以名太高………………………………………… 109
《定风波·莫听穿林打叶声》：也无风雨也无晴…………… 112
《定风波·常羡人间琢玉郎》：此心安处是吾乡…………… 116
《临江仙·夜归临皋》：不想跟你们玩了…………………… 119
《卜算子·黄州定慧院寓居作》：豁达背后是孤独………… 122
《念奴娇·赤壁怀古》：怀才不遇生白发…………………… 125
《题西林壁》：唐诗讲感情，宋诗讲道理…………………… 129
《惠崇春江晚景》：嘴馋的苏轼……………………………… 131
苏大学士轶事拾遗……………………………………………… 133
苏轼的流放生涯………………………………………………… 136
《蝶恋花·春景》：人生别离总无情………………………… 139

黄庭坚

秦观 142

东坡门下四学士………………………………………… 143
《鹧鸪天》：恃才傲物才子风度……………………… 145
《清平乐·春归何处》：惜春之情…………………… 148
《鹊桥仙·纤云弄巧》：升华的感情………………… 150

目录

晏殊 晏几道 153

真正的高贵绝不是降志取荣……154
老实人晏殊……156
《浣溪沙·一曲新词酒一杯》：冷静的情感表达……158
《蝶恋花·槛菊愁烟兰泣露》：古今境界第一层……160
《蝶恋花·醉别西楼醒不记》：聚散都容易……163
《阮郎归·天边金掌露成霜》：不后悔……166

李清照 169

是才女，亦豪情……170
《渔家傲·天接云涛连晓雾》：男子气概的女词人……172
《夏日绝句》：英雄不再难慷慨……175
《醉花阴·薄雾浓云愁永昼》：思念之情溢于言表……178
伉俪情深，还是终被辜负？……181
《如梦令·常记溪亭日暮》：美好的少女时代……186
《一剪梅·红藕香残玉簟秋》：才下眉头却上心头……188
《武陵春·风住尘香花已尽》：一世愁苦，难以承载……191
再婚，离婚！……193
《声声慢·寻寻觅觅》：巨大的孤独与哀痛……195

杨万里 199

清廉正直的平凡与不凡	200
《小池》：生机盎然，美丽清新	202
《晓出净慈寺送林子方》：极工整的一联	204
从江西派到"诚斋体"	206
《宿新市徐公店》：诚斋体代表作	208
《闲居初夏午睡起》：悠闲的退休生活	210

辛弃疾 212

会写词的抗金将领	213
《水龙吟·登建康赏心亭》：栏杆拍遍无人懂	216
《摸鱼儿·更能消几番风雨》：壮志未酬心中苦	220
《鹧鸪天·壮岁旌旗拥万夫》：豪情背后的哀痛	224
《青玉案·元夕》：美好的第三重境界	227
《菩萨蛮·书江西造口壁》：在绝望中抱有希望	231
《破阵子·为陈同甫赋壮词以寄之》：白头醉里看剑	233
《南乡子·登京口北固亭有怀》：生子当如孙仲谋	236
《永遇乐·京口北固亭怀古》：三种感情的复杂糅合	239

● 目录 ●

心在天山，身老沧洲………………………………………… 244

考试第一，却没上榜………………………………………… 247

《卜算子·咏梅》：郁闷后的自比………………………… 250

《剑门道中遇微雨》：征尘与酒痕，骑驴入剑门………… 253

《游山西村》：柳暗花明又一村…………………………… 255

《病起书怀》：怀念孔明《出师表》……………………… 258

《钗头凤》：凄美的爱情故事……………………………… 261

《小园》：行遍天下归田园………………………………… 264

《书愤》：内心愤懑难抒…………………………………… 266

《临安春雨初霁》：明媚春光中的落寞…………………… 268

《冬夜读书示子聿》：陆游教子…………………………… 271

《秋夜将晓出篱门迎凉有感》：为遗民呼号……………… 273

《十一月四日风雨大作》：僵卧孤村心怀故土…………… 276

《诉衷情·当年万里觅封侯》：想当年…………………… 278

《示儿》：绝笔和希望……………………………………… 280

后记：指月手………………………………………………… 282

南唐后主的"幸"与"不幸"

晚唐时期国家动荡，自淮南节度使杨行密封吴王后，十家诸侯称王。907年，唐哀宗退位，唐朝灭亡。朱温继之而起，建立后梁，定都开封，中国进入了"五代十国"的分裂局面。十国中版图较大的王朝是李昪建立的南唐，南唐的最后一位国君就是有"千古第一词帝"之称的李煜。

李煜出生在唐朝灭亡30年后，是南唐中主李璟的第六子，原名李从嘉。虽然出生在帝王之家，但李煜的兴趣在于诗词文学，而不在于朝政国事，虽身为皇家子弟，他却从无当皇帝的心思。然而历史总喜欢开这样那样的玩笑：在南唐王朝皇位的继承人中，李煜的几位兄长均在帝位争夺过程中离世，于是李煜"无奈"地成了皇位继承人。

李煜继位时，南唐已是内忧外患，而他性格相对"文弱"，加之对处理政务的兴趣本就不大，且往往不够果决，以至在军事、内政、外交等各领域连连失策。他不是一个雄才大略的政治家，更不可能力挽狂澜。在他的统治下，南唐国力日渐衰微。面对虎视眈眈的赵匡胤，李煜寄希望于向宋纳贡以保全基业。他步步退让，取消帝号称谓，在往来书信中自称姓名，自甘俯首。可北宋的大军还是打过来了，南唐军队几乎组织不起有效抵抗，慌乱之下只得称臣。李煜继位后十五年时间，南唐灭亡。在这十五年里，李煜几乎日日忧心、夜夜难寐，最后眼看山河破碎，难逃阶下囚的命运。也许，这也是一种宿命的必然吧。只是可惜了李煜，俯首称臣却并未换来余生安稳。而即便身为阶下囚，李煜也始终不忘故国，从未心归宋朝，终至客死他乡。

李煜的身份、他所处的时代以及他的人生遭遇，对于他的作品有着深刻的影响。生逢政局动荡的年代，从一国之君，沦为宋太祖的阶下囚。从至尊神坛跌落到人间谷底的经历，是一般人不会有的。但是"江山不幸诗家幸"，李煜凭借出色的文学修养和独一无二的人生阅历，创造了一座文学的高峰，让后人望洋兴叹。从这个角度来说，正是生活的苦难成就了李煜文学创作的高度。

亡国之痛、丧权之辱，对他是难以面对的不幸，而造化的吊诡正在于，这不幸，让他在文学上达到了新的高度。失败与成功，幸运与不幸，竟神奇地交织在一起。

《渔歌子·一棹春风一叶舟》：自由难得

渔歌子·一棹春风一叶舟

南唐·李煜

一棹春风一叶舟，

一纶茧缕一轻钩。

花满渚，酒满瓯（ōu），

万顷波中得自由。

  这首词写在李煜早年，是李煜为一位叫卫贤的画家所写的题画词。画的名字是《春江钓叟图》，"钓叟"就是钓鱼的老头。青山之下江水碧波荡漾，一老翁独坐一叶扁舟，在微微泛起涟漪的江面上悠然垂钓。李煜看了这幅画之后非常喜欢，就给这幅画配了两首词。这两首词都是用同一个词牌来作的，这个词牌当时叫

"渔父",后来历经演变,成了我们熟悉的"渔歌子"。我们先来看其中的一首。

"一棹春风一叶舟",第一句就看出词人的功力了。写的是春风和小舟,而这两个量词用得极为巧妙。我们现在讲船,量词是"艘",讲春风,量词是"阵",实在缺乏美感。李煜怎么用的呢?"小舟"用"一叶",像叶子一样漂在水面上,意境全出。前面这个"棹"字用得更好,"棹"本身是指摇船的工具,类似于船桨,短的叫楫,长的叫棹,名词作量词用。想想你是如何能感觉到春风的?一定要微微动起来才能有春风拂面的感觉。"一棹春风"就是慢慢地划着船,阵阵春风迎面而来。用"棹"字作量词,内含动态,足见词人功力。

下句接着又是两个数词"一","一纶茧缕一轻钩"。"茧"是指蚕茧、茧丝。"纶"是指钓鱼用的粗丝线。"茧缕"和"钩"都是钓鱼的工具。这个"轻"字用得很妙,鱼钩之所以"轻",是因为无鱼上钩。钓鱼而不得鱼,是作者志不在得鱼的缘故。

前两句通过四个"一"字,把画面烘托出来了。有春风,有江水,有小舟,还有一垂钓的渔翁。

接着一笔写环境:"花满渚,酒满瓯"。"花满渚"是指水中一块小的陆地上开满了花,满满的春意。后半句切回来,借环境写人:"酒满瓯"。"瓯"是盛酒的器皿,跟杯子差不多。倒满了酒,一定有人了。那人是怎么样的呢?"万顷波中得自由"。通过"一纶茧缕一轻钩",通过"酒满瓯",我们都看得出来,这背后有一个人,一个孤独垂钓的人。而这个人生活的状态,正是后主李煜非常羡慕的"万顷波中得自由"。李煜觉得这个人在碧波荡漾的江面上钓鱼，就是在万顷碧波中得到了人生的释放，是多么洒脱和自由啊。在李煜看来，春风拂面，享受着大自然的美景，坐在渔船之中，看着远处的花，喝着手中的酒，钓着江里的鱼，这就是一幅自由而美好的画面。人总是心仪自己得不到的东西。李煜的身份地位决定了他不会有这个钓叟的自由，以前不曾有，以后更不会有。而在现实中，如果真把李煜和钓叟放在一起比较，只怕李煜的生活，是这个钓叟羡慕都羡慕不来的吧！

　　千百年来，我们能理解地位低者对地位高者的羡慕，却很难理解李煜对钓叟所发的"万顷波中得自由"的感慨。更进一步讲，李煜羡慕的其实是一种可以逃离现实压力的权利。这位钓叟也许没钱没地位，但他的确活得自由自在，他的人生是可以自己做主自己把控的。可李煜呢？即便他不想做这个"后主"，但他有选择的权利吗？他不想做国主，可命运给他开了这么大的玩笑；他不想逐鹿中原，但他真的就能做到偏安一隅吗？他有足够多的钱和足够高的地位，可又怎么样呢？到头来，他根本无力决定自己何去何从，只能等待一个更强大的政权对自己命运的审判。万顷波中得自由，于他而言，太难！

卧榻之侧,岂容他人酣睡

李煜性格文弱,没有治国统兵的雄才大略。但他心软,对百姓非常好。这悲天悯人的菩萨心肠,断不是帝王将相所有,在你死我活的权力斗争中,这样的慈悲心是不会换回胜利的。

所谓"慈不掌兵",且不说带兵,就是日常管理文臣武将,没点策略和手腕,只怕也管不好。李煜曾亲自到大理寺复核被关押的囚犯,因觉刑罚残忍便将多人释放。为此,大臣韩熙载曾上疏说李煜这是扰乱朝纲。不过,这样菩萨心肠的帝王百姓是爱戴的,后来李煜的死讯传到金陵城(今南京,当时南唐的都城),

很多百姓都跑出家门祭奠，哭倒在路边。是非善恶，在历史的话语体系里，也许很难有公论。只能说，李煜的悲剧是历史的错位。

李煜的优柔寡断致使南唐很快陷入内忧外患的境地。赵匡胤黄袍加身建立宋朝后，势如破竹，打到了金陵城下，稍施谋略，就给南唐造成了巨大压力。在围城期间，李煜派使臣徐铉到宋太祖面前议和。赵匡胤说议和可以，但李煜要住到开封去，不能孤悬在江南。徐铉反复乞求，表示愿意向宋朝纳贡，并且表示两国之间可以是"父子关系"，就不要让李煜住到开封去了。徐铉一再讨价还价，惹得赵匡胤大怒，拔剑斥责道："不须多言，天下一家。卧榻之侧，岂容他人酣睡！"意思是我睡觉的地方，怎么能容忍其他人安睡一旁呢？所以对不住，你得跟我走，到我眼皮底下来，江南不是你的，是我的。"卧榻之侧，岂容他人酣睡"这句我们熟悉的成语，正是赵匡胤说给李煜的。

据说徐铉曾对赵匡胤说，李煜圣人附体，词写得非常好，文学涵养极高，一首《秋月》天下传颂。而赵匡胤却不屑地答道："《秋月》那是酸秀才写的。我虽是一个武人，但武人也会写诗，我也有两句诗念给你听听：未离海底千山黑，才到中天万国明。"意思是说太阳还没有离开海底，天底下的山都是黑的，太阳一升上天，天下万国就都被照亮了。这哪是写太阳，分明就是在写赵匡胤自己啊。诗句虽无文采，但这就是帝王的霸气。此后金陵城破，李煜投降，被押往北宋都城汴京（今开封），但宋太祖并没有杀他，还半带戏弄地给他封了个"违命侯"的称号。此后不到一年，北宋宫廷发生"斧声烛影"的变故，宋太祖深夜突然于宫中暴毙，弟弟赵光义（宋太宗）继位。如果说太祖对李煜还有些仁慈恻隐之心，那么太宗赵光义就没有这么客气了。两年后，太宗因为不满李煜所写的《虞美人》中浓浓的怀国愁思，以一杯毒酒赐死了李煜。

历史可以有多种角度的解读，从政治军事的角度，这是弱肉强食的必然结果，但从文学、美的角度看，这是文明面对野蛮时，深深的无力感。也正是文学、艺术、美，把李煜变成了一个太精致、太"文明"的人，于是当"野蛮"突然出现在面前的时候，他丧失了抵抗的能力。一个新生的、野心勃勃想要夺取天下的政权，面对一个军事孱弱的才子词人，是可以为所欲为的。被野蛮吞噬，看似是文明的必然宿命，但这不是终点。当野蛮吞噬了文明以后，野蛮会发现，文明才是美的，是值得追求的，所以最终野蛮会向文明靠拢，曾经毁灭文明的野蛮，最终也会走向文明，被文明驯化。直到有一天，新的野蛮人站到曾经野蛮的文明人面前，历史开始了新的轮回。

《望江南·多少恨》：车水马龙忆当年

望江南·多少恨

南唐·李煜

多少恨，昨夜梦魂中。

还似旧时游上苑，

车如流水马如龙；

花月正春风。

  这首词的词牌叫"望江南"，也称"忆江南"，应该是从白居易的那首《忆江南》流行起来的。

  写这首词时，李煜被软禁在北宋都城汴京西部的一个庭院里，失去了自由身。李煜很多作品都写梦境，俗称"记梦词"，李煜的记梦词大都是对故国生活的回忆追念。人生的巨大落差，使李煜只能在梦境中追忆往事，来寻觅些许快乐。但是梦终有醒时，看看自己现在的处境，所有过去的欢乐时光只会使眼前的痛苦加倍，这是李煜记梦词的共通处。这首《望江南》正可这样去读。

"多少恨，昨夜梦魂中"，昨天晚上做梦的时候我就感觉到了，自己有太多的遗憾、太多的愁绪、太多想做而无法做到的事。"恨"在古文中有遗憾的意思。曾经的美好在李煜看来都是巨大的遗憾。

"还似旧时游上苑，车如流水马如龙"，这是他梦中所见到的景象。"还（huán）似"就是好像。"上苑"是指供帝王打猎、游玩的园林，昨天梦里看到的是以前在上苑游玩打猎的情景。这个情景是怎样的呢？"车如流水马如龙"，这句词到现在演变成一个成语"车水马龙"，形容非常热闹繁华。

"花月正春风"，正是春风起的时候，说明李煜梦到的是美好的春天，鲜花盛开，春风洋溢。然而这一切不过是在梦中罢了。梦境越幸福，现实就被映衬得越悲苦，这是一种反衬的写法。这种反衬不用过多渲染，了解他的身世背景，自然就懂了。了解李煜的经历，再读这首词，其中的沉郁悲痛清晰可感。也许我们没有经历过李煜那样的遭遇，但是我们人生中也会有很多擦肩而过的痛惜，那种错失后的无奈，其实多少都有和李煜词相似的感受。优秀的文学作品，总能跨越时空的局限，与读者找到精神情感的共鸣。

《相见欢·林花谢了春红》：时间永不回头

相见欢·林花谢了春红

南唐·李煜

林花谢了春红，太匆匆。

无奈朝来寒雨晚来风。

胭脂泪，相留醉，几时重。

自是人生长恨水长东。

李煜被软禁以后，对自己的命运完全失去了把控。人面对挫折困难，如果还可以通过努力去改变它，那就不能称之为悲剧。比如春秋时期，越王勾践被吴王夫差打败，战败固然痛苦，但勾践并未丧失对未来的希望，他卧薪尝胆，最后重拾旧河山。人这一生最重要的事情也许就是永远葆有希望，一个人如果没有了希望，那么所有的岁月对他来讲，都将只是一种无尽的痛苦和折磨。李煜此时的境况就是如此，他看不到希望了，他只能把自己抛到命运的大江大河之中，任其翻转、飘零，直至消亡。也正是在这样一个时期，李煜写了这一首非常沉痛的《相见欢》。

"林花谢了春红"，树林里的花已经凋谢了。一般我们都说"花谢了"，而这里却说"谢了春红"，看似是主动凋谢，其实是一种无奈。"太匆匆"，三个字写岁月匆匆流逝，往事不可追。一个"太"字用得太好了，我们如果只说时光匆匆，这是一种抽离出来的很客观的评价。但是"太匆匆"就融入了自己的感情，是一种"不得已"。看似写景，其实"林花""春红"代表着往昔美好的时光、岁月等。但是一切美好都已逝去，太匆匆啊！

"无奈朝来寒雨晚来风"，无奈从早到晚，既有寒雨，又有狂风。这个"寒雨"和"风"是指李煜经历的动荡离乱。无疑，这是李煜人生的暴风雨。这寒雨晚风，把他吹落到宋朝的"监狱"里去了。可他能改变什么呢？他就像那林花一样，只能任凭寒雨晚风吹打，独自飘零。前面一句还是在以人的角度去写花，去写景色，去写自己的感受。后面一句就转出来，把自己比作了备受摧残的花。

"胭脂泪，相留醉，几时重。""胭脂泪"本来是说女子的眼泪，在这里指被雨淋过的花。"醉"在这里不是单纯的陶醉之意，是形容极度悲伤。满地被雨水淋过的红花，像是美人哭泣时脸上的胭脂和着泪水流淌。花儿和惜花人相互留恋。什么时候还能重逢啊？问得太无奈了，因为会这么问的人心里一定知道，没有机会再重逢了。无法重逢再相见的，不仅是凋谢的林花，更是词人魂牵梦萦的故国。"几时重"看似是疑问，其实更是苦涩的自问自答，所以就引出了最后一句感慨"自是人生长恨水长东","水长东"就是向东逝去的江水,无休无止,永不回头。时间是最公平最无情的,它永远只会往前走,永远不会回头,而这也是让我们最伤感和无奈的。这个感慨孔子当年也有:"逝者如斯夫,不舍昼夜。"感叹过去的岁月,就像滚滚江水,一去不返。李煜的感慨更多了一层悲情,人生的遗憾就像滚滚东逝的江水,不休不止,载着他满满的愁绪和悔恨,永无尽头。悲凉之情,尽在其中。

  我一直觉得,人到青春期,特别适合读李煜。青春是长大,长大其实也意味着某种告别,和过去告别,和美好的童年少年时光告别,去迎接全新的、可能并不一定美好的生活。林花谢了春红,太匆匆!自是人生长恨水长东!

《相见欢·无言独上西楼》：剪不断，理还乱

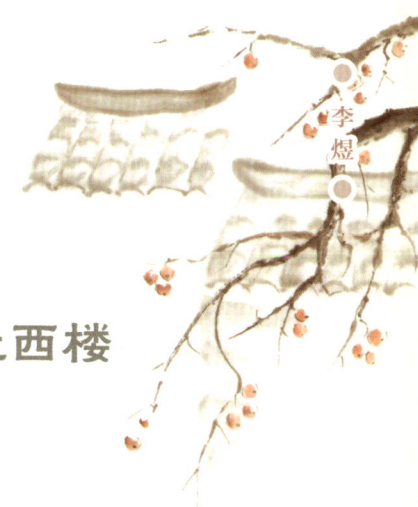

相见欢·无言独上西楼

南唐·李煜

无言独上西楼，月如钩。

寂寞梧桐深院锁清秋。

剪不断，理还乱，是离愁。

别是一般滋味在心头。

李煜的作品可以以其被宋太祖擒往汴京为界，分前后两个时期，一般认为后期作品水平更高。经历重大变故，李煜的作品更具打动人心的力量，也一举奠定他在词坛中的地位。这首《相见欢》篇幅短小，在短短几十个字中，把无人诉说的愁闷表现出来，足见作者功底。

"无言独上西楼"，"无言"二字把词人那番愁苦孤独的神态刻画出来，一个人默默无言，说不出话，想说说不出来，也没有人和你说。登上西楼看到什么呢？"月如钩"，如钩的弯月遥挂天际。不圆满的月亮是词

中常用的一种意象。苏东坡写过"缺月挂疏桐",就有一种寂寥之感。"月如钩",正是这种圆满难求的寂寥心情。

"寂寞梧桐深院锁清秋","寂寞梧桐",梧桐树怎么会寂寞呢?原本茂盛的梧桐树到清秋时节,树叶落尽,变得光秃秃的,对梧桐树来说,连陪伴左右的树叶都没了,是不是寂寞呢?什么叫"深院锁清秋"呢?深墙大院,把这梧桐树锁在里面,同时也把这冷清的时节封存在里面。这一个"锁"字也折射出李煜当时的生活状态,他被软禁起来了,而这个软禁之地满是凄清孤寂。这样来看词人内心的这种寥落、这种孤独,跟这棵寂寞的梧桐树不也一样吗?"寂寞梧桐",寂寞的并不是树而是人啊。

过片,"剪不断,理还乱,是离愁",千古名句。当我们内心有很多烦恼的事情不知道该怎么办才好的时候,内心的感觉其实正是这句"剪不断,理还乱",想要快刀斩乱麻,但这愁绪如丝如缕,根本无法斩断。想去理顺,却越理越乱,怎么都没有办法安妥下来,让自己有一个宁静的心绪。为什么?因为生活太多烦扰了。既然是离愁,一定有个分离的对象,究竟和谁分离而生的愁绪呢?在这首词中似乎看不到谁跟谁分离,但是结合李煜的经历,我们可以知道,这里的分离其实是李煜和自己的故国南唐的分离,更是李煜和自己过往岁月的分离。正是这番离愁引出了最后一句:"别是一般滋味在心头。"这种滋味,谁人堪解,哪个能懂?

李煜是孤独的,我们没有真正经历过这样的离别,恐怕很难切身体会李煜的痛苦。剪不断,理还乱,是离愁。这是痛彻心扉的一番滋味!

《破阵子·四十年来家国》：对不起列祖列宗

破阵子·四十年来家国

南唐·李煜

四十年来家国，三千里地山河。

凤阁龙楼连霄汉，玉树琼枝作烟萝，

几曾识干戈？

一旦归为臣虏，沈腰潘鬓消磨。

最是仓皇辞庙日，教坊犹奏别离歌，

垂泪对宫娥。

  这首《破阵子》，上阕写景，寓情于景；下阕抒情，借景抒情。上阕的景是从回忆着笔去写，写故国山河，越回忆内心越痛苦。下阕的情则借自己被俘时仓惶狼狈的场景，抒发无限悔恨与惆怅。

  "四十年来家国，三千里地山河"，第一句两组数字，概述自己曾经坐拥的南唐王朝。南唐从正式建都一直到在李煜手中灭亡，整整三十九年，就是词中所说的"四十年来家国"。而"三千里地山河"，更让人想起故国辽阔的江山。在五代十国的历史画卷中，南唐的国力是比较强大的。此句隐藏着无限的惋惜和哀痛：多好一个国家啊，纵横三千里，但是现在国破家亡了，表达了词人痛失国土的悲怆之情。接着展开写记忆中的景："凤阁龙楼连霄汉，玉树琼枝作烟萝"，这是写当年的繁华景象。"凤阁龙楼"帝王居所才有龙凤之称。"霄汉"是天空。"连霄汉"和天相连了，这是夸张的修辞，形容楼宇高大宏伟。"玉树琼枝作烟萝"，"玉树琼枝"不仅仅是指珍贵的花草树木，也是在说那些楼宇的装饰非常奢华，玉和琼都指美玉。"烟萝"形容树枝叶繁茂的样子。宏伟的宫殿楼宇与天相接，满院子珍奇的花草树木、珍贵的工艺品，这都是在讲当年南唐的繁盛景象。"几曾识干戈"，"干戈"就是武器，引申出来代指战争。我们有一个成语叫"化干戈为玉帛"，古代两国谈判要有文书往来，国家往来的正式文书都是写在锦帛上面的，也称玉帛，所以玉帛指代和平。化干戈为玉帛，就是使战争转变为和平。"几曾识干戈"意思是什么时候经历过战争呀！说明当时的南唐一派和平富庶，百姓们安居乐业，无战乱之忧。

　　但是没有想到，"一旦归为臣虏"，有一天突然成了别人的俘虏，于是"沈腰潘鬓消磨"。这里有两个典故，《南史·沈约传》中提到过"言已老病，百日数旬，革带常应移孔"。南朝时梁的开国功臣沈约想告老辞官，于是借自己病老的事由，说自己年老多病，近百天来皮带常紧，每月估计腰肢要缩小半分。"革带常应移孔"就是皮带孔一直要往里移，说明腰越来越细。沈腰是沈约的腰，指代人日渐消瘦。这里用沈腰的典故讲词人日渐憔悴、消瘦。"潘鬓"，"潘"是西晋文学家潘岳，潘岳曾在《秋兴赋序》中写过一句话：

"余春秋三十有二，始见二毛。"三十二岁的时候就有白头发了，形容愁苦之事很多，愁白了头。"二毛"就是说头发黑白夹杂。"沈腰潘鬓消磨"是说自己成为俘虏之后，茶饭不思，一天天沉浸在愁苦与愧疚中，头发白了，人也日渐消瘦。

"最是仓皇辞庙日，教坊犹奏别离歌，垂泪对宫娥。"最后这几句还是回忆，可是这个回忆里充满了无奈与不舍、自责和内疚。"辞庙日"是指告别祖宗宗庙的那一天，也就是975年11月27日，李煜被俘的那一天。宗庙是供奉着先王牌位的祭祀场所，宗庙对家族、国家都有象征含义，祖宗牌位摆在这儿，意味着这儿就是家，就是故土，是无论如何都要守卫住的地方。可李煜最后连宗庙都守不住了。"仓皇辞庙日"，他仓皇狼狈满腹羞愧地拜辞庙堂里列祖列宗的那一天，对李煜来说，是人生中最耻辱的一天。"仓皇"二字真是让人泪下。"教坊犹奏别离歌"，"教坊"是国家曲艺机构，从唐玄宗时期开始设置的，主要培养梨园子弟。"犹"是尚且、还。还在演奏什么样的歌呢？"别离歌"。帝王要离开宗庙，教坊就要奏别离之曲，听到这种曲子想必心情就更加难受了，于是"垂泪对宫娥"。"宫娥"就是宫女，这里也包括所有李煜的家人和亲朋故旧。原来的一切，眼睁睁地拱手相让，自己还被抓去做了俘虏，面对如此巨大的耻辱，自己却无能为力，只好"垂泪对宫娥"。

看着先祖的牌位，听着别离之音，再回到开篇的"四十年来家国，三千里地山河"，痛苦无奈之外，是深深的自责和愧疚。这首《破阵子》用情极深，前后的对比折射出炽烈的感情，仓皇无奈中的愧疚与自责，这种多重的苦痛实在是常人难以体会的"别有一番滋味"啊。

《浪淘沙令·帘外雨潺潺》：无限江山看不得

浪淘沙令·帘外雨潺潺

南唐·李煜

帘外雨潺潺，春意阑珊。

罗衾不耐五更寒。

梦里不知身是客，一晌贪欢。

独自莫凭栏，无限江山，

别时容易见时难。

流水落花春去也，天上人间。

李煜的词读来总是让人无限惆怅。李煜的经历，是我们常人难以体验的，但他的经历和痛苦沉淀在艺术作品中，却穿越时空，继续葆有长久的生命力。所以李煜的这份惆怅，并非只属于李煜。

"帘外雨潺潺"，"潺潺"原指水流声，这里是形容雨声。"帘外"点明了词人的位置：坐在屋里面，外面下着雨。"春意阑珊"，春天快要结束了。这种时候是最容易引起人的伤怀的，美好的东西总是留不住。春意阑珊时欣赏春天景色，想必心里颇不是滋味。"罗衾不耐五更寒"，"罗衾"是指丝绸做的被子。"五更（jīng）"是指凌晨三点到五点。黎明前是最冷的时候，薄薄的被子架不住这清晨的寒冷。但相比于这天气来说，更寒冷的是李煜的内心吧！下句"身是客"自然是说眼下是客居他乡，成了囚犯。"梦里不知"，梦境之中还不知道自己已成囚徒，"一晌贪欢"，梦见自己喝着酒，纵情享乐。上片写对过往生活的回忆，不直接落笔，而是借梦境展现。但再美好的事情都是要过去的，再美好的梦都是要醒的。

"独自莫凭栏"，这是在告诫自己，不要站在栏杆边远眺。为什么呢？因为"无限江山，别时容易见时难"，分别多容易，不过是转身离去的一刹那，可是想要再回故国，却难如登天。这话太有哲理了，人生中许多事情都是如此。可能就是你不经意的一个瞬间，有可能都来不及说再见，曾经拥有的就已经逝去。"流水落花春去也"，这一句倒回头来，扣住上片当中所写到的"春意阑珊"。"流水落花"就是一片凋零寥落之象。这句话的潜台词就是美好的过往再也回不来了。雨来了，花落了，水流走了，春天走了，自己的故国也从此一去难返，好似"天上人间"，一个在天上，一个在地上，再难相见。所以李煜的这首《浪淘沙·帘外雨潺潺》，虽然不是送别诗，却有最深刻、最打动人心的离愁别绪。他写的离别不是和人的离别，而是和"四十年来家国，三千里地山河"的离别，和一切美好过往的离别。

《虞美人·春花秋月何时了》：愁如江水悠悠东流

虞美人·春花秋月何时了

南唐·李煜

春花秋月何时了？

往事知多少。

小楼昨夜又东风，故国不堪回首月明中。

雕栏玉砌应犹在，只是朱颜改。

问君能有几多愁？

恰似一江春水向东流。

　　这首《虞美人》，一般认为是李煜的绝笔之作，写在李煜被赵光义毒死之前不久。词中流露了不加掩饰的对故国的思念之情。在这首绝命词中，能看到李煜的悔恨、怅然和决绝。相传李煜于自己四十二岁生日（七月七日）之夜，在被囚禁的小楼命故伎作乐，唱新作《虞美人》,声闻于外。宋太宗闻之大怒,命人赐药酒,将他毒死。

"虞美人"就是虞姬,是楚霸王项羽的宠姬。传说虞美人死了以后,地下开出了一朵鲜花,那朵花就被称之为虞美人。就是因为这个故事,所以有了这个词牌。唐玄宗设立教坊,教坊曲子词里就有"虞美人"这个词牌,因为这首词中有一句流传千古的"恰似一江春水向东流",所以后来也把这个词牌称为"一江春水"。

全词开篇就是一句亘古之问:"春花秋月何时了?"春花秋月本来是美好的,词人却希望早点结束。此时的李煜已被囚禁三年,想必已是万念俱灰了。我这囚徒的苦难岁月,何时是尽头?"往事知多少",心中的愁苦烦闷,梦中的往事,跟谁诉说呢?谁又会懂呢?所以只能问天,"往事知多少?"几多酸楚、几多无奈,尽在这一问之中。

"小楼昨夜又东风",故国入梦,不是第一次了,只怕昨夜又是辗转难眠的一夜。夜深人静,明月晓风,幽囚在小楼中的不眠之人,想到曾经的南唐王朝、李氏社稷,不由对着故国的方向凭栏远望,多少凄楚涌上心头,这其中的况味又有谁能忍受?一个"又"字包含了多少的无奈、多少的哀痛啊!真是"故国不堪回首月明中"。这皎洁的月光,此时应该也同样洒在那曾经无比繁华、无比热爱的故土吧?可如今,自己沦落为阶下囚,失去了欢乐、自由和尊严,这怎能不引起他无限的悔恨和追思?不堪回首啊!

"雕栏玉砌应犹在",虽然前面说故国不堪回首,但还是忍不住会去想,故都金陵华丽的宫殿应该还在吧?那些精雕细刻的栏杆、玉石砌成的台阶也应该都还在吧?"朱颜"指所有美好的事物,也指李煜自己。"只是朱颜改",是说那些曾经美好的事物都已被摧残、被改变，坐拥这些雕栏玉砌的人已经不再是我，物是而人非了。一句"只是朱颜改"，透出多少悔恨和无奈。

最后，词人将满腔哀怨悔恨汇成那句千古绝唱"问君能有几多愁？恰似一江春水向东流"。李煜写这首词时被囚禁在汴京（今河南开封），他只能看到黄河，而看不到长江，为什么他要说一江春水？李煜在这里把自己的哀痛和愁绪跟故国金陵城外那条连绵不绝的长江连在一起，用远离自己的长江作比，对故国的怀念之情更为深厚。好的文学表达常常是不直说的，而是借由周遭景物去委婉地表达。问得很直接，回答得更巧妙。往事不可追，而一切还在向前走，永远不回头。愁绪有多少？我的愁绪就如这一江春水无穷无尽，绵延千年万载啊。

这首《虞美人》是李煜人生最后的悲歌，书写的是最真实的美与痛。即便身陷囹圄仍保有一份自尊，没有像跳梁小丑一样对赵光义摇尾乞怜，让我们看到了他骨子里的坚持和骄傲。生于七月七，卒于七月七，这不平凡的生死之日似乎也在讲述着这千古词帝一生的传奇。

可以说李煜为诗词创作的推进和创新做出了巨大的贡献。虽然做为一国之君李煜是失败的，但是在文学艺术的长河里，他却成为一颗璀璨的明珠，熠熠生辉，照耀万代！

奉旨填词柳三变

　　柳永也叫柳三变，因家中排行第七，俗称"柳七"。和绝大部分读书人一样，他内心深处也是想做官儿的，因为自隋唐开科举以来，读书人作为一个社会阶层独立出来了，这部分人在当时是没有生产能力的，不能务农，也没啥手艺，所以说当时读书人谋生的道路只有一条，那就是出仕。而科举考试是读书人唯一的进身之阶。柳永从本质上来说却又不是一个适合做官的人。于是矛盾就产生了：一方面是现实的逼迫，让他不得不去为五斗米折腰，一方面从性格上来看他又并不适合做官。在面对仕途上的挫折和坎坷时，柳永既没有办法像王安石那样保持理性，去面对它、解决它，又做不到苏轼那样泰然处之、乐观放达，所以柳永一直活得很纠结。

　　那时候参加科举考试，一两次考不上是很正常的，很多人也都经历过科考落榜的失意。柳永呢，也和很多读书人一样，落第之后写点诗词发发牢骚。有一回，这牢骚发得就有点过头了，写了那首《鹤冲天·黄金榜上》，中间有这样一句："才子词人，自是白衣卿相"，柳永自视清高，觉得像他这样的才子词人，本就该是白衣卿相。然后下阕又来了句"青春都一饷，忍把浮名，换了浅斟低唱"，我不要这做官的"浮名"，宁可喝喝小酒，唱唱小曲儿。看起来很洒脱，其实是牢骚，吃不到葡萄说葡萄酸。柳永绝对不会想到，这句牢骚让他得罪了最不该得罪的人——当朝天子宋仁宗。

柳永的词名很盛，当时连皇宫里都传唱他的词，宋仁宗也有所闻，这首《鹤冲天》仁宗也读到了。之后又一年，柳永科举中榜。没想到在皇上审核名单的时候出问题了。仁宗一看名单，柳永，不就是那个"忍把浮名，换了浅斟低唱"的柳永吗？怎么还来做官？于是乎，仁宗大笔一挥，把柳永的名字划掉了，同时还在边上写了一句话："且去浅斟低唱，何要浮名？"意思就是说你喝你的小酒，唱你的小曲去呗，要这浮名干什么。于是明明都考上了的柳永，却还是没官做。柳永得知此事后心情想必是非常复杂的，于是自嘲地说自己是"奉旨填词柳三变"：我现在写词是"奉旨"——皇上让我写的，皇上跟我说了"且去浅斟低唱"，所以我这叫奉旨填词。可这四个字里头有多少无奈，有多少辛酸，有多少内心无法与人诉说的纠结和痛苦，想必也只有柳永自己最清楚了。

"浅斟低唱"，"奉旨填词"，这大概也是我们理解柳永词作的一把钥匙吧。

《鹤冲天》：桀骜不驯的才子词人

鹤冲天

宋·柳永

黄金榜上，偶失龙头望。明代暂遗贤，如何向？未遂风云便，争不恣狂荡？何须论得丧。才子词人，自是白衣卿相。

烟花巷陌，依约丹青屏障。幸有意中人，堪寻访。且恁偎红倚翠，风流事，平生畅。青春都一饷。忍把浮名，换了浅斟低唱。

"黄金榜上，偶失龙头望"，"黄金榜上"指科举考试中中榜人的名字都会题在皇榜上。"偶失龙头望"，偶然失去了取得状元的机会。柳永觉得以自己的才华本来就该考上状元的，只是发挥失常才落了榜。能写出这样的句子来，就知道他的内心是有多狂傲了。

"明代暂遗贤，如何向"，这句也非常张狂。"明代"不是指明朝，说的是政治清明的时代。"明代暂遗贤"是说即使在这清明的时代，都不能做到"野无遗贤"。你看，像我这样有才华的人也落第了，那接下来该怎么办呢？从这几句可以看出，柳永心里挺郁闷的，但他完全没有从自己身上找原因。接着，"未遂风云便，争不恣狂荡"，"风云"是指风云际会，科举成名施展抱负是那个时代读书人的奋斗目标。可是"未遂风云便"，没考上，理想落空了。"争不恣狂荡"，"争不"就是怎不，这是当时的方言；"恣"是指放纵，随心所欲。怎么不可以去放纵一下，宣泄一下？你看柳永就是这么一个人，人家考好了去狂欢，他没考好，也要去狂欢，去放纵。"何须论得丧"，既然要纵情享乐，何必为了功名患得患失呢。

"才子词人，自是白衣卿相。""才子词人"，很明显柳永又是在说他自己。什么叫白衣卿相呢？古时候那些科举考试没成功、还没做上官的读书人，他们穿的衣服一般都是布衣，这种布衣容易掉色，洗几次以后就成白色的了，所以"白衣"在这里指那些还没有科举考中的读书人。"才子词人，自是白衣卿相"是说像我这样的才子，哪怕身着白衣未得功名，也有卿相一般的尊贵。这种狂放其实有一种青春迸发的味道，青春不就是狂傲不羁的吗？

上片还在写自己如何豪放，如何青春勃发，如何自信满满。下片突然之间笔锋一转，带了些许颓废和感伤，"烟花巷陌，依约丹青屏障"，柳永果然去找歌女们喝酒唱小曲去了。"依约丹青屏障"，"丹青"本身是指绘画的颜料，后来指画，尤其是国画。在烟花巷陌，隐约看到了彩绘的屏风。"幸有意中人，堪寻访"，虽然没考上内心很郁闷，但幸运的是这烟花巷陌中还有红颜知己。"且恁偎红倚翠，风流事、平生畅","恁"也是一个方言的用法,有这、那的意思。"红""翠",指衣着华美的歌女。柳永此时觉得跟歌女们一起唱唱歌、喝喝酒或许才是人生一大乐事。科举失意,理想落空,他选择了一种为封建士人所不齿的流连坊曲的狂荡生活。虽然看似荒唐颓废,其实却有一种无奈和哀伤在里面,尤其体现在最后一句"青春都一饷。忍把浮名,换了浅斟低唱。"是说美好的时光总是非常短暂,我狠下心来把功名利禄都抛掉,拿来换取这一杯杯美酒和耳畔低徊婉转的歌唱。

  这首词中那些狂傲自负的话,其实是自我安慰、自我解嘲,纵情享乐也只不过是想逃离现实,换取半刻欢愉。可见落第这件事给柳永带来了多么深重的苦恼,他为了摆脱这种苦恼进行了怎样痛苦的挣扎。虽然"才子词人,自是白衣卿相"这样的话讲得非常漂亮,但从内心深处来讲,柳永肯定是很郁闷的。所以"忍把浮名,换了浅斟低唱"绝对不是他内心深处最真实的想法,而是一句牢骚。可偏偏就因为这句牢骚,让柳永的仕途之梦落空了,虽然他后来自称是"奉旨填词柳三变",但这其中的酸楚和无奈,除却自己,又有谁人知!

  对于仕途,柳永始终没有放下,这也注定了他一生的彷徨和郁闷。而他的这首《鹤冲天》,抱怨也好、张狂也罢,对照柳永之后的命运来看,似乎都成了预言。

  虽说被皇上划掉了名字,柳永后来还是做了一个小官。既然做了官,那就得按照官场的规矩,一步步往上走。北宋官员的升迁是要有人推荐的。柳永找的推荐人是谁呢?就是当朝宰相晏殊。晏殊本就不太喜欢柳永的放浪,不过开始还是很客气地问柳永:"贤俊作曲子吗？"问柳永现在还写词吗？这话的潜台词是，你要想升官，就少写点放荡不羁的词，得按官员的正统路子走。柳永虽明白这话的意思，但他桀骜的秉性不改，竟很不客气地回了一句："只如相公作曲子。"意思是说你做宰相不也写曲子吗？晏殊的确也写词，但晏殊的词和柳永的词绝不是一回事。被这样顶撞，晏殊自然是不高兴的。

明明是去找人开后门，反而又得罪了人，你说这还如何升官？柳永只好再找别人，他又去找了宫里的太监，花银子请人在皇上面前美言几句。好不容易得到皇上召见，可到了仁宗面前，柳永写了一首《醉蓬莱·渐亭皋叶下》，皇上本来希望他歌咏皇家气象，可柳永来了句"太液波翻，披香帘卷，月明风细"，"波翻"俩字多不吉利啊。皇上听到"太液波翻"四个字，拂袖而去，还撂下一句，说以后再也不想听到柳永的词了。就这样，柳永的升官之路又遥遥无期了，虽然晚年也得到了升官的机会，但他狂放不羁的脾性不改，一生漂泊，没有像样的官职，最后穷困潦倒。他不愿意去违背自己的内心，不愿意去变得世俗化、体制化，可他又没有真正地逃出体制。现实的需求和性格的底色，在柳永身上变成一对无法调和的矛盾，注定了他一生的痛苦。也许柳永的天性才情，只有与词的创作才能达到完美的匹配吧。

望海潮·东南形胜

宋·柳永

东南形胜,三吴都会,钱塘自古繁华,烟柳画桥,风帘翠幕,参差十万人家。

云树绕堤沙,怒涛卷霜雪,天堑无涯。市列珠玑,户盈罗绮,竞豪奢。

重湖叠巘(yǎn)清嘉。有三秋桂子,十里荷花。羌管弄晴,菱歌泛夜,嬉嬉钓叟莲娃。千骑拥高牙。

乘醉听箫鼓,吟赏烟霞。异日图将好景,归去凤池夸。

这首《望海潮·东南形胜》写的是杭州的富庶和美丽,词中有市井风貌的刻画,也有自然景观的描摹。写得非常精彩。据说这首词还引发了南宋跟金国之间的争端。

《望海潮·东南形胜》:一首词引发的战争

柳永到杭州，想去拜访一位叫孙何的老朋友。这个孙何和柳永曾是布衣之交，后来孙何当上两浙转运使，是有实权的地方要员。柳永苦于孙何位高权重，门禁甚严，几次求见都被挡在门外。于是柳永心生一计，就写了这首词，然后请了当地一个著名的歌女，让她在孙何的宴会上唱这首词。杭州是孙何的管辖地，这首词赞美的正是杭州，孙何听了自然高兴，一问竟然是故交柳永写的，孙何立即召柳永入府，畅聊往日情谊。

相传这首词后来被金国的国主完颜亮听到了，金人本身以游牧经济为主，生产很不稳定。而通过这首词，完颜亮了解到宋朝不仅有沃野千里的土地、"三秋桂子，十里荷花"的美景、琳琅满目的手工产品、数不尽的金银珠宝、绫罗绸缎，还有"参差十万人家"……杭州如此胜景，让他心痒难耐。据说完颜亮听完这首词以后，就动了心思，没多久便"提兵百万，立马吴山"，南下攻宋，吹响了战争的号角。这件事听来颇有传奇色彩，因为一首词，引发了一场战争，确是千古未有。那么这首词到底有怎样的魅力呢？

"东南形胜，三吴都会"，"东南"说的是江南一带。"形胜"说这里景色好。"三吴都会"，说的是吴兴、吴郡、会稽。这是当时的行政区划，差不多就是现在江苏南边和浙江北面的大部分区域。"钱塘自古繁华"，钱塘这个地方自古以来，都是繁荣富庶的。接着"烟柳画桥，风帘翠幕，参差十万人家"，我们都觉得柳永是写婉约词的，但是在柳永很多词中，却隐隐地透出一些豪情来，这句就是如此。如烟的柳树、彩绘的桥梁、挡风的珠帘、翠绿的帷幕，楼阁高高低低，大约有十万户人家。古时候一个城市能有十万户人家，那绝对是超级大都市。"参差十万人家"这样的句子，老百姓读起来可能感觉不到什么，可金国的国主读这个句子，就会动心思了。接着三句："云树绕堤沙，怒涛卷霜雪，天堑无涯。""云树"是指树非常高。"卷霜雪"这种用法，我们在苏东坡的词中是见过的，"惊涛拍岸，卷起千堆雪"，把白色的浪花比作霜雪。此处形容的正是钱塘江的大潮。"天堑无涯"，钱塘江宽阔的江面一望无涯。说钱塘江是天堑，易守难攻。"市列珠玑，户盈罗绮，竞豪奢。"市场上还陈列着琳琅满目的金银珠宝，家家户户的绫罗绸缎都已经存满了，这就叫"藏富于民"。这上阕写杭州的市民生活，虽然也有景色描写，其实是通过景色来衬托老百姓繁华富庶的生活。

　　接着到过片，"重湖叠巘清嘉"，"重湖"是指西湖中的白堤将湖面分割成里湖和外湖。"叠巘"是说重重叠叠的山岭。"清嘉"是清秀美好的意思。"重湖叠巘清嘉"就是说里湖、外湖与重重叠叠的山岭非常清秀美丽。"有三秋桂子，十里荷花。"秋天的时候桂花飘香。"三秋"不是说三年，而是指秋天的三个月。"桂子"是指桂花；"十里荷花"说明荷花开满了整个西湖。"羌管弄晴，菱歌泛夜，嬉嬉钓叟莲娃。""羌管"是羌笛，是从边境少数民族那儿引进过来的一种乐器。"弄晴"意思是说在阳光灿烂的日子里欢快地演奏。"菱歌泛夜"就是姑娘们晚上划着船出来一边采菱一边唱歌。"嬉嬉钓叟莲娃"，无论是采菱的姑娘、钓鱼的老头，还是偷采白莲的小孩们都喜笑颜开，这句描写的是百姓幸福快乐的小日子。　每一首诗词在不同的人眼中感觉是不一样的。柳永写这首词的时候是希望孙何看了能高兴，孙何作为地方长官，两浙转运使，会觉得我这地方治理得确实好。从完颜亮那理解，他觉得江南这么美，何不吞并进来，变成自己的地盘？

真是一千个人眼中有一千个哈姆雷特。

　　接着"千骑拥高牙"。"千骑"是说一千匹马，说的是骑兵数量之多，千是虚指。"高牙"是说高高矗立的旌旗。"千骑拥高牙"是说孙何出来的阵仗也不小，千军万马随行，很壮观。这是奉承孙何的句子。"乘醉听箫鼓，吟赏烟霞。""听箫鼓"就是听鼓管演奏。"烟霞"指杭州美丽的山光水色。"吟赏烟霞"就是吟诵着诗词，欣赏着这美丽的湖光山色。

　　最后两句"异日图将好景，归去凤池夸。"改天要把这美丽的景色给画下来。"凤池"是指凤凰池，凤凰池是皇宫禁苑里的池塘，所以"凤池"在这里指代朝廷，你把这杭州的好景画下来，待召还回朝时献给朝廷，皇上和文武百官一定会赞不绝口的！此句也有祝福孙何日后升官至朝廷任职的意思。

　　这首词表面上是描写了杭州的美丽富饶，实际上就是奉承孙何。但是不曾想，这样一首描写杭州美景的词，竟引发了一场战争，真是让人感慨不已。

《雨霖铃·寒蝉凄切》：不止于爱情

雨霖铃·寒蝉凄切

宋·柳永

寒蝉凄切，对长亭晚，骤雨初歇。都门帐饮无绪，留恋处、兰舟催发。执手相看泪眼，竟无语凝噎。念去去、千里烟波，暮霭沉沉楚天阔。

多情自古伤离别，更那堪冷落清秋节！今宵酒醒何处？杨柳岸、晓风残月。此去经年，应是良辰好景虚设。便纵有千种风情，更与何人说？

这首《雨霖铃·寒蝉凄切》是柳永最著名的作品，也是婉约词的代表作。这是一首双调慢词，节奏慢，总共有103个字。"雨霖铃"这个词牌所配合的音乐是非常凄苦的，这个词牌最早是唐玄宗怀念杨贵妃时所作的一个乐曲。

"寒蝉凄切，对长亭晚，骤雨初歇。"第一句写景。一般来讲，我们要表现一个人的心情时，往往会选择从景色、环境来入手，营造一个氛围。"寒蝉"点明了时令，把送别的时间表现出来了，秋天已到。这个时候，还听得见蝉鸣，但天气已经转凉，所以说是"寒蝉"。"凄切"凄凉急促的声音。到了秋天，蝉鸣声往往能听出凄苦的意味来，因为蝉的生命即将终结，所以一般诗词作品中写到寒蝉，所表达的大都是愁苦的心情。"对长亭晚，骤雨初歇。""长亭"就是古人所说的十里长亭，古代在交通要道每隔十里就建一座长亭供行人休息，所以慢慢演化出送别的意蕴。"骤雨"就是很急的雨。"初歇"就是刚刚停下来。第一句把整体送别的环境描写出来，时间地点也都有了。初秋时节，一场暴雨过后，天气微寒，两个人在长亭送别。按照整首词的意境来讲，送行的双方应该是一对情侣，应该是女方送男方。

紧接着"都门帐饮无绪，留恋处、兰舟催发"。其中"都门"指京城门外。意思是说，女子在城外与男子饯别。"帐饮"在营帐里喝酒饯行。"兰舟"指的是船。传说鲁班用兰树做成小船，所以后来就以兰舟来指代船。"兰舟催发"船上的人催着出发。这边在催着快走，那边又恋恋不舍。

第三句开始两个主角就出场了："执手相看泪眼，竟无语凝噎。"这是正面的、直接的一个描写。"执手相看泪眼"两个人手牵着手，面对面深情款款地看着对方，双方都是泪眼婆娑。"竟无语凝噎"，此时两个人都说不出话来。"凝噎"是说喉咙哽咽，想要说话却说不出来。按理来说，送别的时候，应该有很多话要相互关照，有很多离愁别绪要去抒发，要向对方表达，但是真到分别的时候，纵有千言万语，也不知从何说起了，所以只能"执手相看泪眼，竟无语凝噎"。

"念去去、千里烟波，暮霭沉沉楚天阔。"其中"念去去"就是念去。两个"去"字连用，一方面是考虑到节奏，另一方面重复用"去"字，也是表示此去路途遥远。"千里烟波，暮霭沉沉楚天阔。"其中"千里烟波"就是要走很远的路。"暮霭沉沉楚天阔"是说夜雾沉沉的楚地天空，从我们这里望过去，那是一望无边的呀！前路漫漫，不知道这一路会发生什么事情，送行的人自然会牵肠挂肚。其实这句话我们从另外的角度去赏析，就会看到人在自然面前的渺小和无奈。所以将个人情绪融入到旷达的环境中的时候，就自然形成了对个体生命渺小感的描写：我什么都做不了，唯有望着暮霭沉沉的天空。上片从写景到写人，所有情绪的描写，要么是通过景色表现的，要么是通过人的动作表现的。"寒蝉凄切"，"暮霭沉沉楚天阔"是通过景色来表现人物心情；"执手相看泪眼，竟无语凝噎"是通过人的动作，让读者去揣测两个主角的心情，但是都没有直接去写情。那么到了过片，笔锋一转，就开始直抒胸臆了。

"多情自古伤离别，更那堪冷落清秋节！"自古以来多情的人最害怕、最伤心的就是离别的时刻，更何况又在这萧瑟清冷的秋天。人大都是伤春悲秋的，所以这个时候人的心情也是相对低落的。自己的离别愁绪难以排解，只能借酒消愁，一醉方休，所以有了"今宵酒醒何处"，今天晚上一定会喝醉，等我酒醒过来的时候会在何处呢？其实潜台词是因为喝了很多酒，醉醒之后，恍如隔世。那么到底"酒醒何处"呢？后面紧接着一句"杨柳岸，晓风残月"。"晓风"是说早上的风。"残月"是说还没有落下去的月亮。这两样东西说的都是次日凌晨的时候。到第二天凌晨醒过来,陪伴我的就只有杨柳岸边凄冷的晨风和黎明的残月了。大醉一场,醒来时寻觅,却不知心上人身在何处了。

"此去经年,应是良辰好景虚设。"今番一别,此后多年都见不到你了呀!再美好的时光,再美妙的景色,没有你在身边,也只是徒增愁绪而已。"便纵有千种风情,更与何人说。"其中"纵"是即使、纵然。纵然我再有雅趣,感情再浓厚,我再有那种浪漫的情怀,又能去跟谁诉说呢?

这首词总体上来看上阕写景,下阕直抒胸臆写情。似乎是在写热恋的情侣不得不分开的那种离愁别绪,可其实这里所抒发的情绪,并不仅仅局限于男女之情,亲人之间、朋友之间也是如此,甚至可推而广之到一个人和他的梦想之间。无法实现自己理想的那种愁绪和无奈,也和这首词里所描绘的感情是很接近的。当一个人实现梦想的路被斩断,或者与梦想失之交臂的时候,会陷入巨大的绝望当中。在这种绝望中一醉方休,酩酊之后不也是"今宵酒醒何处"吗?而此时眼前所有美好的东西只不过是"美景虚设"而已了。柳永要表达的其实是这种错失之后再难相见的情感。随着我们阅历的增长,这种感受或许也会在自己的人生中不期而遇。到了那时或许才能真正体会到什么是"便纵有千种风情,更与何人说"吧。

有井水处，即有柳词

柳永的词在北宋影响非常大。大到什么程度呢？宋朝文学批评家叶梦得在他的《避暑录话》中记载："柳永为举子时，多游狭邪，善为歌辞。教坊乐工每得新腔，必求永为辞，始行于世，于是声传一时。"这段话是说，在教坊工作的艺人们每编出一个新的曲子，一定要找柳永填上歌词，这个曲子才会在庙堂和江湖间广为传唱。所以，柳永的词在当时就得到一个评价："凡有井水处，即能歌柳词。"那时候人们每天都要到水井处打水，水井附近车水马龙，人来人往，凡是人群密集的地方就会有人传唱柳永填词的曲子。柳永在当时的热门程度可见一斑。放到现在，那绝对是一个了不起的大网红。

为什么柳永的词在当时会这么红呢？分析一下柳永词作的主题就不难发现其中的原因。一方面柳永很愿意写市民阶层中男女之情，比如《雨霖铃·寒蝉凄切》，表达的就是情侣之间的离别之情。这种感情在当时并不被主流社会所认同。但是在中国几千年以来的民间社会中，爱情这个主题从来没有被削弱，《诗经》里头就有很多以爱情为主题的诗篇。所以这种和爱情有关的词作自然而然就会被市民阶层所追捧，而这恰恰是柳永非常擅长的。所以，这是一个相辅相成的过程。现在的一些流行歌曲，很多也是跟爱情相关的。

另一方面，柳永还擅长写市井百态，都是从鲜活的生活中得来的选材，很接地气儿，很贴合老百姓的日常生活。毕竟柳永自己就是一个漂泊江湖的词人，他也许并不聪慧过人，但他一直跟普通百姓生活在一起。比如《望海潮·东南形胜》里就有很多对杭州百姓生活的描写，像"三秋桂子""十里荷花"这类的描写，没有引经据典，却让人读出了那种热热闹闹的场景，而这些正是老百姓喜闻乐见的。

还有一类主题柳永写的也非常之多，就是写羁旅愁绪，"羁旅"的愁绪是与很多行路人情感的共鸣。这种"在路上"的状态，本质上是一种不确定性，而这种不确定性本身也是非常撩拨人心的。

男女之情，市井百态，羁旅牵绊，都是源于普通人的生活和情感，容易引发共鸣。再加上其用字用词的精妙和对情感淋漓尽致的表达，让柳永的词作脍炙人口，以至于"凡有井水处，即能歌柳词"。

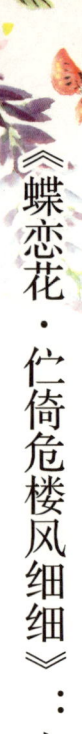

《蝶恋花·伫倚危楼风细细》：人生境界

蝶恋花·伫倚危楼风细细

宋·柳永

伫倚危楼风细细，

望极春愁，黯黯生天际。

草色烟光残照里，

无言谁会凭阑意？

拟把疏狂图一醉，

对酒当歌，强乐还无味。

衣带渐宽终不悔，为伊消得人憔悴。

    这首词是柳永作品当中极具代表性的，也是非常重要的一首。

    "伫倚危楼风细细"，"危楼"就是指高楼。"伫倚危楼"是说站在很高的楼上。"风细细"说明是微风。这句话的主语肯定是词人自己。"望极春愁，黯黯生天际。"放眼望去，心底却生出一番春愁，像是从遥远的天边弥漫开来。所谓一切景语皆情语，诗人、文学家在表现万物的时候实际上是带着自己感情的。同样一个春天，有些人心情好，哪怕看到的是暮春的景色，也会觉得即使花儿凋零仍有绿树成阴。而柳永这个时候是高兴不起来的。"草色烟光残照里，无言谁会凭阑意？"这句话写得非常孤独，独自一人在高楼上倚靠栏杆远眺，在一片碧绿的草色和迷茫的烟光掩映下的落日余晖里，又有谁能明白我此时的心境呢？

"拟把疏狂图一醉"，"拟"就是准备。整句话的意思就是我本来想一醉方休，把我的狂放不羁都灌注到酒里面，狠狠地去醉生梦死一次。但是没想到"对酒当歌，强乐还无味"。没想到的是这酒是越喝越闷，真是"举杯消愁愁更愁"。"强"念第三声，是勉强的强，没有真正欢乐的心情，却要强颜欢笑。这"强乐"本身就是痛苦的一种表现。"还无味"，是觉得没有滋味，这酒喝了也没劲。

最后一句话，点破了之前的愁到底是什么，也点破了这首词所要写的是什么样的愁绪，"衣带渐宽终不悔，为伊消得人憔悴"。"衣带渐宽"，"衣带"是古人扎衣服的腰带。为何衣带变宽了呢？是因为人瘦了啊。人越来越消瘦，衣带才会越来越松弛，柳永不直接说人消瘦了，而是换一种表达叫"衣带渐宽"，这就把词的意境烘托出来了。"衣带渐宽终不悔"，虽然自己越来越消瘦，但是我不后悔。为什么呢？"为伊消得人憔悴"。这个"伊"在这里指所思念的人。那个"春愁"原来是词人那相思的灵魂。所以从字面来看这几乎就是一首情词，但是，仅仅这样理解是远远不够的。

王国维先生在他的词评《人间词话》中说，古之成大学问、大事业者必定会经过三重境界："昨夜西风凋碧树。独上高楼，望尽天涯路"，此第一境界也。"衣带渐宽终不悔，为伊消得人憔悴"，此第二境界也。"众里寻他千百度，蓦然回首，那人却在，灯火阑珊处"，此第三境界也。第一重境界是晏殊词中的一句话，意思就是给自己一个目标，要有理想。第二重境界就是这首词中的最后一句"衣带渐宽终不悔，为伊消得人憔悴。"是指为实现理想不懈奋斗，哪怕付出代价、身心俱疲也在所不惜。第三重境界，则是在孤独绝望之中，蓦然回首，竟然找回初心，与自己的理想偶遇。

所以说"衣带渐宽终不悔，为伊消得人憔悴"，远不止写爱情的思念，也是在写一个人为了目标去努力奋斗。那个"伊"字不是单纯指一个人，而是我们的理想、使命和初心。我愿意为之努力，不肯放弃，哪怕身心俱疲，也许注定孤独，但我还是要努力去实现。一个谈恋爱的人读这首词，也许会觉得触碰到了自己的心弦；一个为理想开创事业的人、一个政治家、一个学者，只要有理想和情怀，读到这首词的时候，照样也会有非常深切的一种共鸣。为了心中那个目标，几乎可以付出一切代价，而且永不后悔，这就是"衣带渐宽终不悔，为伊消得人憔悴"啊！

这人生的第二重境界，也是我最喜欢的一种人生状态。人这一生真的能够为了一个目标，做到"衣带渐宽终不悔，为伊消得人憔悴"的话，我觉得这一辈子就算没白活。但是要做到这一点，你必须要有坚韧的意志，要有一个值得你为之付出一切的、去奋斗一生的目标。所以我们一直讲，从小开始就要立志、要培养毅力。能够这样过一生的人，相信他的内心将会是充盈且幸福的。

好事儿都凑一块儿了

欧阳修是北宋文坛领袖,有很强的号召力,与韩愈、柳宗元、苏洵、苏轼、苏辙、王安石、曾巩合称"唐宋八大家",和北宋时期的很多文学家都有密切的关系,在中国文学史上是一个非常重要的人物。

欧阳修是家中独子,不幸幼年丧父,家道中落。好在,他有一个知书达理的母亲,尽一切可能给他最好的教育,著名的"画荻教子"的故事,从北宋起就流传甚广。画荻,说的就是欧阳修的母亲在沙地上用芦苇杆书写,教欧阳修认字。画荻教子的欧阳修的母亲和三迁的孟母、刺字的岳母、截发筵宾的陶(陶侃)母一起,并称"中国古代四大贤母"。

史料记载,欧阳修幼时聪明异常,十来岁就熟读《昌黎先生文集》,昌黎先生就是唐代大文豪韩愈。欧阳修后来在宋代文坛的地位，也确可与韩愈在唐朝文坛的地位比肩。

欧阳修科举考试考了三次，头两次都铩羽而归，直到第三次，有幸得到胥偃保举，获得了就试最高学府国子监的资格，拿下了监元和解元两个第一，而后又在礼部省试中再拔头筹，成为省元，也算"连中三元"。

连中三元之后，欧阳修自信满满，最后一关殿试时，欧阳修特意穿了一身新衣裳。结果有个同窗王拱辰，年纪小，贪玩，他看见欧阳修的新衣服，羡慕不已，就问欧阳修借来穿穿，想沾沾喜气。王拱辰把衣服往自己身上一套，得意地说："我穿上状元袍子了！"没想到，最后殿试揭榜，这位沾了喜气的王拱辰竟然真的拿了状元。欧阳修却只落了个十四名，位列二甲进士及第。据时任考官晏殊后来回忆，他未能夺魁，主要是因当时锋芒过露，众考官预挫其锐气，促其成才。

不管怎样，殿试上榜以后可以步入仕途了。因为欧阳修一路考得很好，就成了朝廷高官们属意的乘龙快婿。宋代有"榜下择婿"的风俗，每次科考放榜的时候，都是豪门大族选女婿的好机会，因为中了举的读书人将来都极有可能进入朝廷权力核心，所以要在他们飞黄腾达之前招为女婿。一来是为自己的女儿将来能有个好生活，二来就是为家族的政治前途作谋算。欧阳修虽然没能成为状元，但是保举他的高官胥偃觉得这小伙子不错，于是，就把自家的闺女许配给了欧阳修。所以欧阳修金榜题名之后，紧接着就洞房花烛了，真是上天眷顾，人生中两个重要的喜事儿撞到一块儿了，科举考试成功，又娶了媳妇，欧阳修从此走上了人生的康庄大道。

浪淘沙·把酒祝东风

宋 · 欧阳修

把酒祝东风,且共从容,

垂杨紫陌洛城东。

总是当时携手处,游遍芳丛。

聚散苦匆匆,此恨无穷。

今年花胜去年红。

可惜明年花更好,知与谁同?

《浪淘沙·把酒祝东风》:春风得意

这首《浪淘沙·把酒祝东风》写在1032年,正是欧阳修春风得意马蹄疾的时候:二十多岁,金榜题名洞房花烛,顺风顺水。此时的欧阳修,在洛阳西京留守钱惟演幕做推官,一次和好友梅尧臣到洛阳东城旧地重游,而梅尧臣不久要离开洛阳。欧阳修有感而发就写下了这首《浪淘沙》。

"把酒祝东风,且共从容",这是直接要跟大自然对话，想想就挺豪迈的。"东风"指代春天。趁着东风，端起酒来，发表一番感慨：这春天如此美好！你再多留些时日吧，不要匆匆离去。"从容"是留恋不舍。在哪儿呢？"垂杨紫陌洛城东"，就在洛阳城的东边。"紫陌"就是紫色的道路，路为什么会是紫色？这里有个历史文化常识，洛阳曾是东汉的都城，据说东汉洛阳城的马路，是用一种偏紫色的泥土来修筑的，所以"紫陌"就是洛阳的道路。"总是当时携手处"，这句说今番游玩的地方，大多是我们曾经携手共游过的。"游遍芳丛"，两个年轻人到处玩，每一处芳草美景都不错过，心情很是愉快。

上片是在回忆当年游玩的情景。回忆往事，但没有伤感。欧阳修金榜题名，未来不可限量，所以对未来充满了美好的憧憬。

下片开始抒情，"聚散苦匆匆，此恨无穷"，聚也聚不了多久，又要匆匆别过，真是太遗憾了！自古以来，亲人朋友之间的聚散别离好像没有穷尽。"今年花胜去年红"，现在看到的花，比去年咱们一起看到的花更漂亮了。"可惜明年花更好，知与谁同？"明年的花可能会比今年开得更加鲜艳繁盛。只是不知道明年跟谁一起来赏花了。这里以惜花来写惜别，透露出人生聚散无常之感。但幸得有"明年花更好"的希望在，所以仍有满满的憧憬，去年是你，今年赶巧又遇到你，明年会和谁一起游玩赏花呢？不论明年还会不会和梅尧臣一起，我们明年一定会有好运气，一定会更上一层楼。

这首词短短几十个字，写出了对友人的惜别之情以及对未来的憧憬。"今年花胜去年红"，真让欧阳修说对了，美好的生活才刚刚开始呢。

《玉楼春·尊前拟把归期说》：无关风月

玉楼春·尊前拟把归期说

宋·欧阳修

尊前拟把归期说，欲语春容先惨咽。
人生自是有情痴，此恨不关风与月。
离歌且莫翻新阕，一曲能教肠寸结。
直须看尽洛城花，始共春风容易别。

  这是一首送别词，写于1034年春，是欧阳修广为传唱的作品。当时欧阳修西京留守推官任满，接到朝廷调令，要离开洛阳回京城任职。朝廷给他的官职是"馆阁校勘"，能直接入馆阁，这个官衔可不小，不过并无实权。因为要离开洛阳，自然朋友们来话别，于是欧阳修写了这首词。结合背景来看，也是两层情感基调：舍不得朋友，又对未来充满期待。

  "尊前拟把归期说，欲语春容先惨咽。"，"尊"通"樽"，"尊前"指的是送别的酒席。"拟把归期说"

离别前想先跟朋友们说好归期。"春容"是指春风妩媚的容颜,这里应指酒席间的佳人。"欲语春容先惨咽",还没开口说话,席面上就已经有人哭了起来,其中可能有他的红尘知己。其实欧阳修这一去,自己也不知道啥时候能回来。"此恨不关风与月"的"恨"是遗憾的意思,这种遗憾和清风明月无关。欧阳修要说的是,他的遗憾和周围的景致没有关系。什么遗憾呢?就是前一句"人生自是有情痴"。别离之苦,正是源于我们都是至情至性的痴情之人。这话还有隐藏的含义:我的离愁别绪是无法化解的,因为我的情和痴,不是在某个特定的环境中,因风月景色而起。没有风月,我还是这样,情之所至而已。

过片"离歌且莫翻新阕"。"离歌"指离别时唱的歌。"且莫翻新阕"就是先不要换曲子,"一曲能教肠寸结",这一曲清歌,已让人愁肠欲断,就不要再更换其他的曲子了。这句自然是写离愁,其实离愁背后,仍旧隐隐透露出对未来的期待。"直须看尽洛城花,始共春风容易别。"对欧阳修来讲,与其沉浸于离愁别苦,不如携手同游洛阳城,看遍洛阳的繁花美景。到看尽美景的时候,分别也就变得容易了。"始共春风"就是和朋友们一起在春风中畅游,一起憧憬美好的未来。一个人若非春风得意,怎能将离别之苦化为对未来的无限憧憬呢?

这首词里的句子,很适合写到毕业纪念册上。若是和同学难舍难分,不妨写"人生自是有情痴,此恨不关风与月";若是共同期待美好未来,不妨就写这句"直须看尽洛城花,始共春风容易别"。

《生查子·元夕》:物是人非的感伤

生查子·元夕

宋·欧阳修

去年元夜时,花市灯如昼。

月上柳梢头,人约黄昏后。

今年元夜时,月与灯依旧。

不见去年人,泪湿春衫袖。

这首《生查子》非常简单,是欧阳修写正月十五元宵节的佳作,小学语文课本里也选用了。我带队"少年行天下·杭州文化游"的时候,和同学们夜游西湖,走到涌金门,刚好就看到过"月上柳梢头"的景象。涌金门在西湖十景之一的苏堤春晓旁边,柳枝轻拂水面,月亮高挂枝头,很美。当时同学们一起吟诵这首词,也别有一番意境。

"去年元夜时,花市灯如昼。"去年元宵节的时候,花市的灯像白天一样亮,说明元夜的繁华热闹。"元夜"即元宵节之夜。自唐朝起有元宵节观灯的民间风俗,宋代经济富庶,元宵节也更加热闹,从正月十四到十六三天,城中没有宵禁，男女老少游灯街花市，通宵歌舞，盛况空前，这个时候也是年轻人约会，谈情说爱的好时机，所以古代的元宵节其实也是情人节。当然，古代也有很多关于元夕之夜的诗词佳句，如苏味道的"火树银花合，星桥铁锁开"；辛弃疾的"东风夜放花千树。更吹落，星如雨"等等。

"月上柳梢头，人约黄昏后。"黄昏过后，月亮爬上柳梢头的时候，就是与佳人相约互诉衷肠的时候。明月初上柳梢，正是恋情初上心头啊，两个年轻人两情相悦，花市的彩灯，天上的明月，袅娜的柳枝都是他们甜蜜爱情的见证。

"今年元夜时，月与灯依旧。""依旧"两个字把情绪体现出来，月亮与花灯都跟去年一样，潜台词就是，除此之外有不一样的地方。哪里不一样呢？

"不见去年人，泪湿春衫袖。"周围的环境与去年别无二致，可是站在喧闹的街头，却再也找不到那个和他相约黄昏后的佳人。于是"泪湿春衫袖"。"春衫"是年少的时候穿的衣服，这里指年轻时的欧阳修。明月如故，芳踪难寻，他的心中涌起了无限的惆怅，忍不住泪水涟涟，打湿了衣裳。所谓"物是人非"大概便是如此了。一句"不见去年人"，将词人心中的痛写到极致，原来一代大儒欧阳修竟也如此多情，如此深情。

欧阳修一生娶了三位妻子，结发妻子胥夫人就是他金榜题名后迎娶的胥偃的女儿，嫁给欧阳修之后没几年就去世了。之后欧阳修续弦，娶了一位杨氏夫人，亳州知州杨大雅之女。杨氏美丽聪慧，深得欧阳修之心，可是没多久也撒手人寰。所以后世也有一种说法，说这首《元夕》是欧阳修为怀念他的第二任妻子杨氏所作。

《戏答元珍》：欧阳修的得意之作

戏答元珍

宋·欧阳修

春风疑不到天涯,
二月山城未见花。
残雪压枝犹有橘,
冻雷惊笋欲抽芽。
夜闻归雁生乡思,
病入新年感物华。
曾是洛阳花下客,
野芳虽晚不须嗟。

这首七言律诗是欧阳修很得意的作品。"元珍"是欧阳修的朋友丁宝臣，字元珍。丁宝臣曾有诗赠欧阳修，欧阳修以此诗作答。写这首诗的时候，欧阳修刚刚被贬官。

这次贬官主要和庆历新政有关。庆历新政由和欧阳修同期为官的范仲淹主导，在仁宗执政初期施行，但持续时间很短，遭到当时朝廷上下几乎一致的反对，欧阳修坚决地站在范仲淹这边，还写了很有名的《朋党论》为庆历新政助威。不过，这篇文学史上的名作在当时不仅没有帮到范仲淹，反而为庆历新政树敌，引来更多的反对。最后新政不了了之，范仲淹和欧阳修都被贬官外放。范仲淹因为年龄较大，此后淡出官场，而欧阳修后来又重新获得朝廷起用。这首诗写在贬谪期间，是对丁宝臣的"回答"。虽遭贬谪，但欧阳修丝毫没有自怨自艾，仍旧表现了他一贯的"正能量"。

首联"春风疑不到天涯，二月山城未见花"，"山城"指的是湖北宜昌夷陵山区，这是欧阳修当时贬官外放之地。"天涯"是说天涯海角，代指特别远的地方，意思是说这地方太远了，我都怀疑春风都吹不到这偏远之地，已经二月份了，连花都看不到，进一步说明了此地的荒凉。这里的"二月"是指阴历二月，相当于阳历的三月份。首联的调子起得不高，似乎不是一番振奋人心的景象。

颔联"残雪压枝犹有橘，冻雷惊笋欲抽芽"。即便是"春风疑不到天涯，二月山城未见花"，可是欧阳修照样能从中看到希望。残雪还压在枝头，可"犹有橘"，枝头上还有果子；"冻雷"指春雷震动，似乎在催促着竹笋赶快抽芽。虽然花还没开，但是你看，橘子犹在枝头，春笋也似乎要破土而出了，这就是希望的象征。欧阳修看到的是"冻雷惊笋欲抽芽"背后的美好未来。

颈联"夜闻归雁生乡思，病入新年感物华"，在这么偏远荒凉的地方，这种乍暖还寒的时候，自己身体又不太好，晚上听到北归的大雁长鸣，引发了思乡之情，有点想家了。"病入新年感物华"，拖着病体进入新的一年，换别人肯定心情不好，但欧阳修没有消沉，而是转到了尾联的自我宽解。

尾联"曾是洛阳花下客，野芳虽晚不须嗟"。"曾是洛阳花下客"，曾和好友赏遍洛阳的奇花异草。按说生活曾经如此美好，顺风顺水，如今却贬官在这么荒凉的地方，如此大的反差，不是应该觉得很惨吗？可偏偏欧阳修没有。下一句"野芳虽晚不须嗟"，"野芳"是说野外的花草。野外的花草虽然不如洛阳的奇花异草，可是"不须嗟"，也不需要叹息，总会有山花烂漫的那一天！总有希望在！可能谁也说不清楚希望到底从何而来，但欧阳修就是有这番莫名的自信。"花下客"的美好日子已经过去了，可是"野芳虽晚不须嗟"——没什么好叹息的，赏赏那些野花也挺美！人生也是如此，只要勇敢前行，当下的坎儿总能过去。只要怀有希望，美好的明天总会到来。一个人有这样的心态，那一定每天都活得美滋滋、喜洋洋的。

欧阳修

凝练文字的功夫

欧阳修为人正直,敢于直言,还能"举贤不避仇"地提携后辈,凭借自己的"正能量",折服整个北宋文坛,影响当时政局。1057年,已到知天命之年的欧阳修被任命为当年礼部贡考的主考官,以翰林学士身份主持进士考试,提倡平实文风,录取苏轼、苏辙、曾巩等人,对北宋文风转变有很大影响。我们就来讲讲欧阳修写文章,修改文章的小故事吧。

欧阳修在翰林院任职的时候,有一回跟几个青年学子一起出游。他们在路上看到这样一个情景:路边有一匹疾驰而过的马,噌地一下跑了过去。马过去的时候,踩到了路边的一条狗,狗当场被马踩死了。

欧阳修就让这几个年轻人组织一下语言，把这事儿简要地叙述下来。

听起来不难吧？果然，其中一人胸有成竹，率先答道："有黄犬卧于道，马惊，奔逸而来，蹄而死之。"一句话，十六个字，把事情的起因经过结果都交代出来了。该用的动词也都用了，但句子平淡无奇。

接着，第二位年轻人开口了："有黄犬卧于通衢，逸马蹄而杀之。""通衢"就是大马路。也是一句话，十三个字，比前一位简练了些。紧接着第三个人说："有马逸于通衢，卧犬遭之而毙。"他换了一个说法，但意思还是一样，这一句更凝练了，不过进步不大，十二个字。

欧阳修笑了笑说："叙述这么一件小事，都啰嗦成这样，真要是让你们三个小子去修史书，只怕一万卷都写不完吧。"三个年轻人听完都懵了，你看看我，我看看你，三位都是科考出身，文字功底自然不错，这几句话欧阳修竟然都不满意。那要不老师您自己来试试？

欧阳修微微颔首，不急不慢地吐出六个字来："逸马杀犬于道。"只有六个字！"逸马"交代了这是一匹怎样的马：逃逸出来的，受了惊的一匹马。什么原因受惊？怎么会逃逸出来？一个字儿都不讲，引发读者自己去想象；"杀犬"两个字交代事情。至于马是怎么杀的犬，根本不用多说，马要把狗给杀了，肯定是用蹄子，难不成还用嘴咬么？所以一个"杀"字就行了。"于道"就是在路上，交代地点。至于狗是什么样子、什么品种、怎么跑到路上、死相如何，马又如何如何……统统不用写出来。简简单单六个字"逸马杀犬于道"，全都涵盖在内了。

各位，这就是凝练而精彩的文字表达。这个故事曾给我很大的刺激，我小时候写作文非常啰嗦，恨不能把各种细节都事无巨细地展现出来。读了这个故事以后，我才认识到，好的文学表达一定要凝练。很多时候文字越简练反而越精彩。因为越简练，越能引发读者的思考，艺术上称之为"留白"，让读者自己想象。如果竹筒倒豆子一般，稀里哗啦全给写出来，反而失去了想象的空间。所以我们写文章，也要学会惜字如金。当然，惜字如金的前提是你写出来的每个字都要经过千锤百炼，用词要精准贴切，切中要害。所以真正的好作品，话不必多，却字字珠玑。

《画眉鸟》：自由的声音

画眉鸟

（又名《郡斋闻百舌》）

宋·欧阳修

百啭千声随意移，

山花红紫树高低。

始知锁向金笼听，

不及林间自在啼。

  欧阳修的这首《画眉鸟》，有另外一个标题是"郡斋闻百舌"。"百舌"就是指画眉鸟。这首诗让我对欧阳修有了全新的认识。通常讲到欧阳修，总是一个颇有地位的文坛领袖，一个在官场游刃有余的士大夫形象。但这首诗似乎给我们透露了一些不同的讯息。

  起句写画眉鸟的叫声："百啭千声随意移。""啭"就是鸟鸣，鸟叫的声音。鸟儿的鸣叫声细听之下，是婉转曲折的。"随意移"，随着自己的心意发生高低起伏的变化。

承接句写的是画眉鸟所处的环境。"山花红紫"红的紫的山花，烂漫开放。"树高低"在树的高处和低处飞舞。画眉鸟在山花烂漫之中，快乐地飞翔歌唱，一会儿飞到高处的树梢上，一会盘旋在低处的枝头上，自由自在。

第三句转折，最后一句表明心迹。"始知锁向金笼听，不及林间自在啼"，这两句诗，我拿来练书法，硬笔软笔都写过好多遍，一度还是我的座右铭。也正是这句话，让我读出了一个不一样的欧阳修，一个至情至性的读书人。这两句诗是什么意思呢？

"始知"这才知道，表示知道得晚了。前两句说欧阳修在山里头听到了画眉鸟的叫声，觉得非常好听。那个声音是"随意移"，随着自己的心意想怎么叫就怎么叫的。可欧阳修说，我一直到这时才知道，"锁向金笼听"是比不上"林间自在啼"的，把画眉鸟锁到黄金做的笼子里，好吃好喝伺候着，它的鸣声也远不如在树林间自由自在啼鸣的。因为只有在姹紫嫣红的大自然中，画眉鸟的叫声才是自由自在的，才是最动听的！"金笼"是借代，借指什么？借指高官厚禄。其实欧阳修所说的，何止是画眉鸟啊！人在官场总难免会受各种牵绊。欧阳修在这里把自己比作了金丝笼中的画眉鸟，一只身在金笼，却向往山林的画眉鸟！

晚年的欧阳修，曾多次提出辞官，也许对他来说爵位名禄已经是一种桎梏，让人不得自由。他对官场厌倦了，渴望从俗务中脱身，寄情于山水，潇洒于江湖，醉心于这"百啭千声随意移"的"林间自在啼"。

人活一世，最难得的，不就是这份自由自在么？

不讲究的"邋遢相公"

王安石,字介甫,号半山,1021年出生,六十五岁去世,临川(今江西省抚州市)人。不论在北宋的文坛还是政坛,他都有相当的影响力。政治上,这个人称"拗相公"的固执老头儿,在历史上留下一个巨大的争议,到现在九百多年,依旧议论纷纷没有众口一词的结论。这个争议,就是王安石变法。从文学上讲,王安石是非常注重现实的人,他写出来的作品,没有其他文人的洒脱豪迈,他的每一个作品都是特别贴合现实生活的,可以说,这是王安石的秉性。生活上,王安石则是出了名的不拘小节,吃穿都极不讲究,人送外号"邋遢相公"。咱们这里就讲讲生活中的王安石吧。

关于王安石,有几件特别有意思的小事。一则是有记载,王安石长得五大三粗,容貌不像一般读书人那样俊秀,而且他还是个工作狂,忙起来积年累月不洗澡,甚至脸也不洗。最高记录据说是整整一年都没洗过澡。由于他经常蓬头垢面地处理政务,以至到了让他的同事们无法接受的程度。在扬州做官时,时任太守的韩琦看他每天上班的时候都妆容不整,以为他是天天晚上出去喝酒,宿醉未醒,就劝他少些声色犬马,多花点时间读书。王安石听了很莫名奇妙。后来韩琦才知道这位属下是天天通宵达旦读书、废寝忘食工作,以至于没有时间洗脸,更别说洗澡了。由于长期不洗澡,脸色灰暗,人显得很没精神,家里人还以为他生病了,就请来大夫给王安石看病,结果大夫的话让大家哭笑不得,大夫说王安石什么病都没有,让他洗把脸洗个澡,立刻就会好的。王安石上上下下洗了一番后,果然容光焕发,只不过他后来依然不愿意洗澡。

除此之外,王安石对吃的东西也完全不讲究,有一件关于鹿肉丝的事儿足以说明。

据说有官员和王安石一起吃饭的时候,问身边的人:"王安石是不是特爱吃鹿肉丝啊?"那人答道:"何以见得啊?"官员就讲:"你看王安石吃饭,就只吃他眼前那一盘鹿肉丝,别的菜都不动。"边上人就笑了,说这家伙根本就不是爱吃鹿肉丝。怎么知道的呢?这几位当场试验,他们把王安石眼前那盘鹿肉丝换成另外一盘菜,结果发现王安石此后仍旧只吃眼前那盘菜,甚至都不知道面前的菜已经换过了。所以他根本就不是爱吃鹿肉丝,只是没把心思放在吃饭上而已。

虽然生活得这么不讲究,让大家很难喜欢他,可换个角度想想,如果当时宋朝的官员都能像王安石一样,把时间都花到国事上,那宋朝是不是也不会那么快就灭亡呢?

《登飞来峰》：雄心壮志

登飞来峰

宋·王安石

飞来山上千寻塔，

闻说鸡鸣见日升。

不畏浮云遮望眼，

自缘身在最高层。

这首《登飞来峰》写于1050年前后。此时王安石三十岁左右，在浙江鄞县担任知县，任期已满。在回老家的途中，经过飞来峰，兴之所至，登山而作。

"飞来山上千寻塔，闻说鸡鸣见日升。"诗中的飞来峰究竟是哪座山，在学术界尚存争议。一说是杭州灵隐寺前的那座山，一说是浙江绍兴城外的灵山。根据王安石当时所行走的路线来看，我认为是后者。"寻"是古时候的一个计量单位，三尺为一米，八尺为一寻。千寻是虚指，说明宝塔之高。这句话的意思是：飞来峰顶有座高耸入云的塔，听说鸡鸣时分可以看见旭日东升。

"不畏浮云遮望眼，自缘身在最高层。"我并不害怕浮云挡住远眺的视线，因为此时的我正站在最高的位置上。"浮云"实际上是说世间各种纷纷扰扰，也可引申为形形色色的小人。我不害怕纷纷扰扰的世间百态挡住了视线。为什么？原因很简单，"自缘身在最高层"。此时的王安石还没有拜相，可以说只是一个七品芝麻官，为何这么不自量力地说自己在"最高层"呢？这还真得结合他做的这个小官儿来说。

王安石人称"拗相公"，他认准的事儿说九头牛都拉不回来一点不夸张。王安石年轻时就有"治郡才能治天下"的想法，所以他就想留在基层，体察民情。宋代进士科考中名次靠前的人在任职期满后可向皇上申请升官，王安石进士科考考了第四名，是有机会"入馆阁"到皇上身边做官的，这么好的机会，应该是天下读书人求之不得的事，可王安石却放弃了，愣是下基层做了鄞县的县官。五年期满，也就是写这首诗的那一年，又是一次升官的机会，连当朝宰相文彦博都出来替他说话，让他去朝廷做官，但王安石还是不肯，还专门给朝廷写了申请，理由也很有意思：汴京消费水平高，自己承担不起。王安石之所以再三放弃升官的机会，是因为想了解民情，积累经验，为改革做铺垫。他在意的不是升官发财，尽享富贵，而是怎样富国强兵，造福黎民百姓。了解了这些我们再回过头来看那句"自缘身在最高层"，就可以明白，这里说的"最高层"不是指官职地位，而是作者的内心，是他的眼界，他的理想和追求。

这个"不畏浮云遮望眼，自缘身在最高层"的道理，对我们每一个人来说也非常重要。一个人年轻的时候，也理当要有王安石这种"不畏浮云遮望眼，自缘身在最高层"的雄心壮志！

《示长安君》：相聚也悲伤

王安石

示长安君

宋·王安石

少年离别意非轻，老去相逢亦怆情。

草草杯盘共笑语，昏昏灯火话平生。

自怜湖海三年隔，又作尘沙万里行。

欲问后期何日是，寄书应见雁南征。

这首《示长安君》是王安石的七律名篇，写得非常悲怆。

解释一下标题，"长安君"是指王安石的妹妹王文淑，因受到了长安县君的封号，故称"长安君"。"示"是指给某人看，所以这首《示长安君》是王安石写给他妹妹的一首诗。经考证，这首诗很可能写在1060年前后，四十岁的王安石奉命出使辽国前。

"少年离别意非轻，老去相逢亦怆情。""怆情"即悲伤。自己是个重感情的人，年轻时就把别离看得很重，如今老了，连相见也会感到伤悲。首联两句话，形成一个对比。前面半句是衬出后面半句的重点,王安石少年与妹妹离别的时候情真意切,到老来人就越来越重感情,以至于就算是相逢都觉得悲伤。为什么呢?因为在王安石看来,相逢必有离别,"相逢时难别亦难",自然会感觉悲伤。四十岁的王安石,尚未达到在政坛上叱咤风云的时候,所以此句也有自己无法实现人生理想的感慨。

颔联写的是兄妹俩会面的情景,"草草杯盘共笑语,昏昏灯火话平生。"随意准备些酒菜,边吃边聊,灯火昏暗,把别后所见所思,互相倾吐。"杯盘"指的是酒和菜,喝酒吃饭只是一个媒介,重要的不是餐食,是餐桌上的"共语"。借"草草杯盘""共笑语",在"昏昏灯火"下"话平生",意境悠远却苍凉悲怆。

颈联"自怜湖海三年隔,又作尘沙万里行。""怜"是同情。"湖海"不是指某一个湖、某一个海,有点像我们说的江湖,就是天地宽阔。诗人感慨与妹妹三年不见,以后又要远行了,这一走,天南海北,可能自己都不知道要经过哪些地方,更不知道多长时间能回来。

最后一联,"欲问后期何日是,寄书应见雁南征",要问以后相见是在什么时候,怎说得准啊,大概要等到大雁南飞的时候吧,那时,也许会有我托人捎来的家信。在没有手机、没有微信的年代,这样一别,可能一辈子都见不着了。人事变迁,会发生多少的变故都是不可预知的。其实,诗人自己也不能预料下次会面的日子。诗就在这样无可奈何的气氛中结束了,留下一丝安慰,一个悬念。同时王安石对未来也有一定的期待,介于高兴和悲伤之间,这里面包含了很多的情绪和感情。随着大家阅历的增长,可能才会真正体会到这首诗表达的情感。

《元日》：不止说新年

王安石

元　日

宋·王安石

爆竹声中一岁除，

春风送暖入屠苏。

千门万户曈曈日，

总把新桃换旧符。

《元日》这首诗被选在语文课本当中，为大家所熟知，在过年期间，时常会被提及。

据考证，这首诗写在1069年，"元日"即农历正月初一。1069年，正是王安石推行熙宁变法的时候。这首诗也的确和王安石变法有关。王安石在1067年得到神宗皇帝的赏识，1069年任参知政事，主持变法。1069年新年，王安石见家家户户忙着准备过春节，想到变法伊始的新气象，有感而发，创作此诗。不难想见，此时的王安石正是踌躇满志、雄心满怀，他觉得，一切都是全新的，都会有一个崭新的面貌。

"爆竹声中一岁除，春风送暖入屠苏。"伴随爆竹的响声，旧的一年过去了，迎着和暖的春风开怀畅饮屠苏酒。"爆竹"，古人过年燃竹而爆，发出噼里啪啦的响声来驱鬼辟邪，后来演变成放鞭炮。"屠苏"即屠苏酒，是用屠苏草浸泡的酒，饮屠苏酒是古代过年时的一个习俗。很明显，这两句就是除旧布新，从这里也体现出王安石的雄心壮志是要废除旧制。他认为自己推行的熙宁变法，就是"春风送暖入屠苏"。

"千门万户曈曈日，总把新桃换旧符。""千门万户"指代老百姓。"曈曈日"是指太阳出来的时候，温暖又光亮的样子。"新桃"和"旧符"是互文的用法，指代新的桃符和旧的桃符。桃符是古时候挂在门板上的两块桃木板。桃木是辟邪的，按当时的习俗，人们在桃木板上写两个神仙的名字来辟邪，两个神仙一个叫神荼，另一个叫郁垒。后来往往把春联贴在桃符上，于是后人以桃符借指春联。这句话的意思是：初升的太阳照耀着千家万户，百姓们忙着把旧的桃符取下换上新的桃符。结合当时的背景，这句话还可以进一步理解为王安石希望老百姓像迎接新年的太阳一样，来迎接他主推的熙宁变法，把旧的制度摒除，换成新的办法。

王安石认为自己推行新法，可以使国泰民安，但是他绝对不会想到，他的青苗法不仅没让百姓的生活得到改善，反倒让很多人生活更加困苦，他的保马法更是给老百姓带来了深重的灾难。他希望变法能改革一新，最后却落得一地鸡毛。

《泊船瓜洲》：二次拜相的矛盾心理

王安石

泊船瓜洲

宋·王安石

京口瓜洲一水间，
钟山只隔数重山。
春风又绿江南岸，
明月何时照我还？

王安石的这首《泊船瓜洲》一上来先提到两个地名，京口和瓜洲。京口在现在的江苏省镇江市，位于长江以南。瓜洲就是扬州南郊的瓜洲镇，位于长江北岸。京口和瓜洲在当时是两个渡口。

1075年,王安石接到皇帝诏令,第二次担任宰相。王安石乘船自江宁到汴京赴任途中经过瓜洲时写下这首诗,抒发心中情绪。

"京口瓜洲一水间",京口和瓜洲这两个渡口中间只隔了一条江水。这里的"一水"指长江。

"钟山只隔数重山",站在瓜洲渡口,回望钟山,中间只隔着几重大山。"钟山"是现在南京市紫金山,曾是王安石在江宁(南京)的住处。王安石幼时便随父定居于此,后来在这里做过两次江宁知府,两次罢相之后都退居江宁,所以说王安石对江宁的感情很深,把这里视为自己的家乡。好几重山的距离想必还是很遥远的,而诗中却用了"只隔",可见诗人对家乡的依恋。

"春风又绿江南岸", 和煦的春风又一次吹绿了江南两岸的田野。"绿"是表示颜色的词汇,在这里,王安石把"绿"当成了动词来用,一个"绿"字把整首诗写活了。"春风"尚且有情,还知道一年一度"又绿江南岸",而诗人自己呢,却不得不在"春风又绿江南岸"的时候离开家乡重返官场。流露出自己离开江南的家乡,重新担任宰相时内心的矛盾。

"明月何时照我还",这一去,不知何时才能回到江南的家。原来诗人对复出还政并无多少如愿以偿的喜悦,相反由于变法遇到阻力,再加上几年来无休止地争论攻讦,让已过半百之年的他心力交瘁,从而产生了归隐山林的想法,所以这第二次拜相,王安石是有所顾虑的,但他本心还是希望推进变法,强国富民,自己也可以早日退居山林,回到金陵的家安享晚年。这种状态,也影响到了王安石的创作,1076年到1086年之间的作品跟他之前诸如《元日》《登飞来峰》等作品的风格,有显著的差异。

《梅花》：拗相公，不认输

王安石

梅　花

宋·王安石

墙角数枝梅，

凌寒独自开。

遥知不是雪，

为有暗香来。

王安石在文坛的名声，主要以诗著称。宋诗整体上不如唐诗瑰丽焕彩。但是王安石的诗独树一帜，特色鲜明。这首《梅花》，选取的角度就很特别。

"墙角数枝梅，凌寒独自开。"墙角有几枝梅花，正冒着严寒独自盛开。"凌"是指凌空，有种架起来的意思，"凌寒"是冒着严寒。前两句用口语化的语言赞颂梅花。

"遥知不是雪，为有暗香来。"我远远的就知道那不是雪而是梅花，为什么呢？因为闻到了梅花的幽香。这其实是一个比喻句，写梅花像雪一样。但是王安石没有直说，他是反过来先说墙角有梅花冒着严寒独自开放。中间隐藏掉了一句：我以为那是雪花，都没认出原来是梅花。为什么我又知道它不是雪花是梅花呢？因为能闻到幽幽的清香。整首诗以梅喻人，以梅花的坚强和高洁品格喻示那些像诗人一样，处于艰难环境中依然能坚持操守、主张正义的人。

王安石有一个"拗相公"的名号，说的就是他执拗而近于顽固的脾性。第一次进京时，皇上曾安排他在皇宫里做"修起居注"（记录皇上的言行），但他不想做，于是就不接中书省发下来的诏书，还连写十四道奏章，坚持回绝，最后甚至躲到厕所里，不肯接受官职。送诏书的小吏也不好去厕所交接啊，就把诏书放在他家，转身就走，王安石从厕所里跑出来，拿起诏书一路追出去，硬是塞回到小吏怀中，最后也没做这个帮皇上写日记的官。这种执拗的性格，实在是前无古人，后无来者。

王安石1074年被罢官，1075年又重新做回宰相，这首诗写于1076年，正是王安石第二度当宰相的时候。经历了熙宁变法的失败，此时的王安石已经懒于官场应对了，很快就从宰相任上退了下来。所以写这首《梅花》的时候，他已经是半隐退的状态。他当时的心情是孤独寂寥的，作为一个曾经站在舞台中央的人，经历巨大的失败，内心的落寞不言而喻。当然，他依旧自视很高，解读这首诗，我们隐隐感觉他把自己比成了梅花，他可能仍旧觉得自己的做法是对的，这也和他固执的性格相符。从这个角度去读这首《梅花》，似乎能读出一丝无奈背后的不甘。

《书湖阴先生壁》：宋诗典范

书湖阴先生壁

宋·王安石

茅檐长扫静无苔，

花木成畦手自栽。

一水护田将绿绕，

两山排闼送青来。

《书湖阴先生壁》一共有两首，这是其一。"湖阴先生"名叫杨德逢，当时隐居在南京紫金山之下，是王安石在金陵的邻居。《书湖阴先生壁》可能是在杨德逢先生家里所写。因为一堵墙从里面看叫做壁，从外面看叫墙，而且杨德逢先生的家还挺大，这两首可能都是写在他们家墙壁上的。

王安石为官半世遍历浮华。别人做一回宰相，他两次拜相，在全国范围内推动熙宁变法，影响了全国百姓的生活，虽然结果不太成功。二次拜相之后，王安石几乎处于隐退的状态了，自号"半山老人"。为什么叫半山呢？因为王安石住的地方离江宁城东门大概有七里路，离钟山主峰也是七里，这就构成一个等腰三角形。因为地处半途，所以王安石将他居住的地方命名为"半山园"，自号"半山老人"。

有宋一朝究竟还是胜在词，宋诗中少有让人击节赞赏、拍案称奇的作品。不过王安石的《书湖阴先生壁》写得特别好，可以说达到了宋诗的高峰，格律齐整，意境辽远，鬼斧神工。

"茅檐长扫静无苔，花木成畦手自栽。""茅檐"指茅屋的屋檐，代指庭院。"静"即净。"无苔"是说没有青苔，打扫得很干净。"畦"是指经过修整的一块田地。"成畦"即成垄成行。这句话的意思是：茅草房庭院经常打扫，洁净得没有一丝青苔。花草树木成行成垄，都是主人亲手栽种的。

"一水护田将绿绕，两山排闼送青来。"这两句写得尤其好，不仅对仗工整，而且修辞精妙。"一水"指小河。"护"，张开臂膀环绕着，这是拟人的用法，用得太巧妙了。就像是你喜欢一个东西，别人要来抢走的时候，你一把把它搂住，护住它，不让别人碰。无论用"围"还是用"包"，都不如王安石在这里用的"护"字有感情，有一种心疼和不舍。"排闼"是开门。这句话的意思是：河水像妈妈张开双臂保护住自己的孩子一样，把田地给包起来，紧紧围绕着绿苗，家门前那两座山，就像是推开门一样，把绿色送到眼前来。"送"字用得特别好。这两句诗写得太形象了，写景色能写出这样的句子，是大师级的水平。

更难得的是，这两句的对仗背后还有用典。"护田"和"排闼"这两个词都是有典故的。"护田"出自《汉书·西域传序》："田卒数百人，置使者、校尉领护"，专门派人去保护住田地，保护农民，叫"护田"。但是王安石在这里赋予了"护田"二字新意，是很巧妙的一个化用。"排闼"出自《汉书·樊哙传》："哙乃排闼直入"，就是开门直入。王安石诗中用了"排闼""护田"两个典故，虽不是原创，可用得正好对仗，一首诗里用同一本书的两个典故，实在是太巧妙了，可见王安石文字功力之深厚。

由此让人不免感慨，这个老王，若不把精力都放到政治上，而是倾心文学的话，那他在文学上的成就恐怕也能令同代大部分人自愧不如吧。

《浣溪沙·百亩中庭半是苔》：寂寞的退休生活

浣溪沙
宋·王安石

百亩中庭半是苔,门前白道水萦回。

爱闲能有几人来?

小院回廊春寂寂,山桃溪杏两三栽。

为谁零落为谁开?

这首词是半山老人王安石隐居江宁时写的。回到江宁的他,进入了一个全新的人生阶段。一方面,我们看到他陶醉于隐居生活,另一方面,也能感觉到他心里的落差还是存在的。王安石以前做宰相,繁忙于国家大事,家里门庭若市。退隐以后清闲下来寂寞孤单,肯定有所不适应,因为人生状态的变化,这一点是难免的。

这首《浣溪沙》就表现出王安石当时内心隐隐的失

落。退下来是自己希望的,真退下来了又有点无所适从。但他这种不适应也没有持续太久,很快就能够自得其乐,还结交了一些朋友。后来,苏东坡专门去江宁看望王安石,两个人相见甚欢。还有之前讲到的杨德逢,跟王安石也挺聊得来。有了社交关系以后,就不再有孤独寂寞的感受了,王安石还是很喜欢这样的生活的。

"百亩中庭半是苔"是王安石引用刘禹锡《再游玄都观》中的"百亩庭中半是苔,桃花净尽菜花开",把别人的句子拿到自己作品中用是王安石非常擅长的。一百来亩的大庭院里有一半青苔,因为没有人来,所以地上都长出青苔来了,一番寥落萧瑟景象。

"门前白道水萦回","萦回"是指盘旋、迂回。"白道水萦回"也是引用了李商隐《无题》中的"白道萦回入暮霞,斑骓嘶断七香车"。这半句写的是诗人家庭院前的景象,出门看到的只有洁白的小道和蜿蜒的小溪,空空荡荡没有一个人。能把这样的情景写到诗词里头来,心里一定觉得很寂寞。"爱闲能有几人来?"喜爱清闲、有空来的人有几个呢?年轻人都还在官场上摸爬滚打,谁能像我这样清闲呢?所以没人来看我这糟老头儿。

"小院回廊春寂寂","春寂寂"寂寥的样子。这半句是直接用的杜甫《涪城县香积寺官阁》中的"小院回廊春寂寂,浴凫飞鹭晚悠悠"。上阕的第一句是借用的,下阕的第一句还是借用,而且这两句还都能对起来。春天到了,院子里曲折的回廊非常安静,直到现在整首词都围绕着寂寞的感受在写。然后,"山桃溪杏两三栽","两三栽"即两三棵,指没多少。"山桃溪杏",从字面来看就是山里的桃树,溪边的杏树,这里其实是互文,指山里头溪水边的桃树杏树。山里、溪边的桃树和杏树只有稀疏的两三棵,它们多寂寞呀！这个用法也不是王安石原创，他是化用了唐朝雍陶《过旧宅看花》里的"山桃野杏两三栽，树树繁花去复开"。这首浣溪沙已经涉嫌"抄袭"了，一共有六句，其中四句都是借用了前人的诗句，刘禹锡的、李商隐的、杜甫的、雍陶的全让他用了个遍。把四个人的诗句集中到一首诗里来，而且毫无违和感，这要读过多少诗才能做到如此灵活的化用呀，不得不说王安石肚子里的墨水真不少。

"为谁零落为谁开？""零落"即凋谢。桃树杏树长在荒郊野外，开了花给谁看？凋谢了又有谁在意呢？其实是词人在说他自己，开心也好难过也罢，都是孤苦伶仃一个人，这时候的王安石太需要朋友了。

人生的最后十年，那个真正的王安石才在他的文学作品当中浮现出来。官场上的王安石一直隐藏着自己，把自己最本真的东西隐藏在"面具"之后。他的"面具"是非常儒家、非常入世的，但是这个"面具"背后隐藏的是一个特别敏感也特别富于表达的天才文学家。

王安石和苏东坡：英雄惜英雄

　　王安石和苏东坡均位列唐宋八大家，才华横溢，都是朝廷栋梁。但是，在北宋那个内忧外患的年代，两个人身不由己地卷入了党派之争，政治上背道而驰。苏东坡人生中最大的挫折"乌台诗案"（后文会讲到）虽然并非直接由王安石导致，但究其根源却和王安石推行的变法不无关系。虽然如此，苏王二人的私交似乎并没有受到太大影响。王安石虽然固执，但是其人发乎公心，私德很好，对事不对人，所以与苏东坡至少没有私仇，到了晚年倒还颇有些私交。

　　乌台诗案发生以后，神宗一方面信任苏东坡的为人，另一方面为了贯彻新法，又不得不清除阻碍变法的力量，所以对苏东坡的处置就成了一个很棘手的问题。正当神宗举棋不定时，已经致仕闲居金陵的王安石给神宗写信说"安有盛世而杀才士乎？"，哪有在太平盛世杀一个如此有才华之人的道理？对苏东坡的评价颇高，透出惺惺相惜之情，这句话分量很重，所以神宗最后的处置就是把苏东坡贬为了黄州团练，没有再为难他。

王安石退休以后，被朝廷重新起用的苏东坡特意去金陵探望他。王安石身穿布衣，骑着一头毛驴到江边迎接苏东坡。来不及冠带的苏东坡慌忙出船长揖而礼："轼敢以野服拜见大丞相！"王安石拱手而笑："礼岂是为我辈设？"两个曾经的政敌，离开官场后现出真性情。他们一起游览金陵山水，把酒唱和。苏东坡有一首诗，其中有两句"峰多巧障日，江远欲浮天"，王安石读到这两句以后击节叹赏，当即就叹息说"老夫平生作诗，无此二句"，满怀敬佩之情，觉得苏东坡的才华确实胜过他，自己写了一辈子诗，都没写出这样的佳句来。还有记载，王安石劝苏东坡"置宅钟山"，让苏东坡在他家附近买处宅子，两人结邻而居，晚年可以做个伴。苏东坡也投桃报李地写过"劝我试求三亩宅，从公已觉十年迟。"这话对王安石同样褒奖有加。苏东坡觉得应该早一点和王安石结交的。真是相逢一笑泯恩仇，多年的政坛恩怨仿佛过眼云烟。曾经的对手，晚年坐而论道、闲谈诗文，对望之下，不知是一番怎样的心情？

一蓑烟雨任平生

  概述苏东坡，太难了。他打动过多少人，感染过多少人，激励过多少人，又让多少人在他的身上看到自己，在他的作品里读到万般况味。俱往矣！东坡虽逝，唯其才情与达观洒脱永驻。

  后人爱东坡，一是爱其才，二是爱其人。

  千年文脉传承，从不缺才子。虽不如恒河沙数，但历朝历代总可剖蚌得珠。才华横溢的人里，有恃才傲物的，有操行欠奉的，更有钻牛角尖的、不思进取的、落魄浪荡的……唯独东坡，聪明又忠厚，风流亦钟情，博学不迂腐，认真不固执，看得懂又想得通，享得了福也吃得起苦。这就难得了，他难得的不是糊涂，是可爱。

  翻翻历史，最常见一个个板着面孔苦大仇深的模样，让人敬而远之。苏东坡却活得有声有色，有滋有味。

  爱竹子，宁可食无肉，不可居无竹。看不够就种，种不得就画。

  爱喝酒，时常微醺从不烂醉，赋闲在家还动手酿酒。

  爱吃肉，贬谪在偏远的黄州还能炖出一道千年名菜。

  不是傻乐，他吃过的苦遭过的罪不比任何人少：科考过后就丁忧，乌台诗案坐过牢，新旧两派不待见，妻亡子夭，贬官之路行遍大半个中国……只是东坡看得开,多少苦水都往肚子里咽。"艰难苦恨"在杜甫心里是"烦双鬓"的悲叹,到了东坡笔下,不过一句"早生华发"的自嘲。

　　自嘲是需要底气和勇气的,底气源自才学,勇气则来自"不合时宜",其实不过是爱说真话。东坡是对事不对人的,一场轰轰烈烈的变法来袭,裹挟了多少蝇营狗苟之徒,他们可都是对人不对事的。于是朝廷内外官场上下,出出闹剧上演,个个小丑登台。东坡从杭州到黄州,从密州到徐州,从知府到团练,最后一路贬到儋州(今属海南)。

　　面对人生低谷,常见三种状态。其一是不服喊冤自说自话,形同泼妇骂街;其二是自认倒霉自怨自艾,形同怨妇遭弃;其三是一蹶不振自暴自弃,简直不堪比喻了。而东坡是不同的,试问岭南应不好。却道,此心安处是吾乡。能心安,是他的能耐。

　　这份心安,最是难得。不是不思进取地安于现状,而是沉潜淡泊,随遇而安。

　　东坡在文化史上是承上启下的枢纽,他的思想承接陶潜,有采菊东篱下的淡泊;他的诗文承接杜子美和韩退之,沉稳老道有踏实致用的风范;他的书法承接二王,有轻灵飘逸的洒脱。他又在前人基础上颇多创新,学问、诗文、书画无不令当世瞩目,让后学倾心。这份造诣,古今难有人及。而对后世影响最大的,还是他的这份心安。自宋以降,又经过多少兴衰交替,历代读书人都能从东坡身上汲取精神养料,或自省,或自安。

　　至于东坡本人,他是无所谓生时富贵身后功名的,他早参透了:竹杖芒鞋轻胜马,谁怕?一蓑烟雨任平生。

一门父子三词客

中国文学史上有一段佳话,概括起来是一副对联:"一门父子三词客,千古文章八大家。""八大家"说的是著名的"唐宋八大家",纵贯唐宋两朝、古文运动时期八位极具代表性的文学家。而上联的"一门父子三词客",说的是父子三人,均能写一手好词,这父子三人在唐宋八大家中占了三席,可以说是非常厉害了。这一门,就是苏门。这父子三人,便是"三苏":父亲苏洵、大儿子苏轼、小儿子苏辙。文学史上父子齐名的佳话,除了三苏以外,还有三曹。咱们要讲苏轼,就先从他的老爹苏洵讲起。

苏洵,号老泉。读过《三字经》的人没有不知道苏洵的。《三字经》有言,"二十七,始发奋",意思是到了二十七岁才发奋读书,说的就是苏洵。大儿子苏轼出生时，苏洵已经二十八岁，两年以后又有了小儿子苏辙。一直到将近而立之年才知道发奋读书，别说是在宋朝，就是放到现在，也是够晚的。

既然是在奋发图强以后才有的两个儿子，苏洵给两个儿子起的名字就有了特别的寓意。苏轼的"轼"和苏辙的"辙"都是车字旁，自然都和车有关系。这两个字分别是什么意思呢？先说"轼"字。古人的交通工具是车骑，驾车时，"驾驶员"站在马后车前的栏杆后，挥手扬鞭赶马前行。苏轼的"轼"字，就是马后车前的这根栏杆扶手。人站在车上，扶稳了"轼"才能挥鞭赶马，不然肯定跌跌撞撞。苏辙的"辙"字，原意是车轮，引申为车轮的印子。这两个字，分别有什么深意呢？

车轮印，看似无用，实则是一种标杆，能让后来者知晓前人所走过的路，为后人指明方向，即有"行为世范"的含义。苏洵希望他的小儿子能成为后世楷模，行为世范。而一辆车上的栏杆扶手（轼）看起来不起眼，但是驾车的人必须握紧栏杆来驭马，有之，虽无感却心安，无之则断然不可。苏洵希望苏轼能成为一个看起来平凡，却绝对"不可或缺"的人，也就是国之重器、国家栋梁。其实这何止是苏洵对儿子们的期待，这更是中国读书人最高的读书理想：立德立言立功，不汲汲于富贵，但求无愧于心。回顾苏轼兄弟此后的一生，"不可或缺"也许算不上，但"行为世范"四个字，兄弟二人还是担得起的。

　　苏洵有了这两个孩子以后，父子三人一起努力读书。到了1056年，苏氏父子一起上京赶考。他们不会想到，荣华富贵与命途多舛的浮沉人生从这一年开始了。那年他们科考的题目是《刑赏忠厚之至论》，苏轼灵感勃发，写的文章条理明晰、结构严谨、张弛有度，后被收录到《古文观止》当中。此文极受当时文坛领袖，也是当年主考官欧阳修的赏识，因为苏氏父子当时并不出名，所以欧阳修读过这篇文章后，根本没有想到是苏轼写的，他还以为是自己的学生曾巩所作。据说，欧阳修为了避嫌，本来要给第一，却只给了这篇文章第二名的成绩。但不管怎样，此次科举，让苏氏父子名震京师，三人均金榜题名，一时间风头无两。父子三人同年科考已是大新闻，三人竟然同榜高中，更是名噪一时。遗憾的是，在他们刚刚拿到成绩后，从老家传来消息，苏轼的母亲、苏洵的夫人程氏在老家病逝。父子三人得讯后，悲从中来，放下所有的功名利禄，日夜兼程赶回老家，除了眼下巨大的悲痛，等待着苏轼的，还有即将到来的三年丁忧，以及原本灿烂光辉、如今却被蒙上阴影的前程。

注：丁忧是我国封建社会传统的道德礼仪制度。根据儒家传统的孝道观念，朝廷官员在位期间，如若父母去世，则无论此人任何官何职，从得知丧事的那一天起，必须辞官回到祖籍，为父母守孝三年，这叫丁忧。

平哥伴读

《江城子·十年生死两茫茫》：不思量，自难忘

江城子·十年生死两茫茫

宋·苏轼

乙卯正月二十日夜记梦

十年生死两茫茫。不思量，自难忘。

千里孤坟，无处话凄凉。

纵使相逢应不识，尘满面，鬓如霜。

夜来幽梦忽还乡，小轩窗，正梳妆。

相顾无言，惟有泪千行。

料得年年肠断处：明月夜，短松冈。

  这是苏轼的一首名篇佳作，题后的附注写的是：乙卯正月二十日夜记梦。这天晚上到底梦见了什么，让苏东坡如此感慨呢？原来是梦到了他已经逝去十年的结发妻子王弗。故而这是一首怀人之作。

  苏轼在十九岁的时候，还没参加科举考试，就跟王弗结了婚，王弗比苏轼要小两三岁。这个叫王弗的姑娘

是进士的女儿，知书达理、蕙质兰心，对苏轼的父母非常孝顺，跟苏轼更是恩爱有加。但是天命无常，二人只相伴了大概十年，王弗就病逝了，年仅二十七岁，留下了一个儿子。苏东坡当时虽说名声不小，但十年间父母亲相继去世，光丁忧就有六年，所以这段时间在仕途上并没有起色，但是有王弗的陪伴照顾，这十年的生活还算安适。因此王弗的去世对苏轼的打击可想而知。

乙卯年苏轼写这首词的时候，已经是王弗去世十年以后了。当时苏轼被朝廷从杭州调往密州（今山东诸城）。十年又十年，回忆当年情景，仍是情意缱绻。王弗的离世对苏轼来说是一个很大的打击，让他对生死有了更加深刻的感悟。他后来能够有那么旷达洒脱的人生境界，很有可能也与王弗的去世有关，包括苏东坡以后信佛，研究禅学都有可能是受到了王弗去世的影响。

"十年生死两茫茫"，这是一个非常苍茫遥远的的意境，一句话就把内心的痛苦表现出来了。"两茫茫"意思是作者与妻子天人两隔，不能团聚相伴。"不思量"，作者真情坦白，平时也不会天天想到王弗，人死不能复生，这是生命的无奈，而活着的人哪怕再伤心，也必须好好活下去，因为你对其他活着的人还有应尽的责任。即便可以"不思量"，但仍旧"自难忘"，可见东坡对其妻王弗的用情之深。

"千里孤坟，无处话凄凉"，"千里孤坟"是说苏轼把王弗安葬在老家，而这些年苏轼一直在外奔波，与妻子的坟墓遥隔千里，只能留妻子一人孤苦伶仃。"无处话凄凉"，其中的凄凉之情，既是对苏轼而言，也是对王弗来讲的。因为两个人不仅是生死相阻，苏轼就连坐在王弗的坟前说说心里话的机会都没有。"纵使相逢应不识，尘满面，鬓如霜。"这句话应该是全词中最沉痛的一句了。一个深爱的人，一个自己"不思量，自难忘"的人，照理是宛在眼前的，可苏轼却说，纵然再次相遇，恐怕也认不出来。为什么？后半句就解释了，"尘满面，鬓如霜"，自己一直在外奔波，岁月蹉跎，如今已是两鬓斑白。你还是十年前的音容笑貌，我却垂垂老矣。

"夜来幽梦忽还乡"，为什么会突然之间要写这首词来纪念自己死去的妻子呢？是因为在王弗十周年祭日的时候，苏轼晚上做了个梦——"夜来幽梦"，梦到自己回到故乡，见到了结发妻子王弗。"小轩窗，正梳妆"，这是很有画面感的六个字，通过窗户看见妻子正在梳妆打扮。但是这难得的相遇，却是"相顾无言，惟有泪千行"，你看着我，我看着你，却感慨得说不出话来，千言万语、千辛万苦都化作了泪水。"料得年年肠断处，明月夜，短松冈"，苏轼很有可能就是哭醒以后写的这首词。他写亡妻此时正一个人长眠在短松冈下，在凄冷幽独的"明月夜"下因眷恋人世、难舍亲人而柔肠寸断，其实更是写自己对亡妻的深深思念和不舍，可谓用心良苦。

苏轼写这首词一方面是悼念亡妻，另一方面也或多或少折射出自己这十几年的艰苦境遇。苦闷之情涌上心头时，才会觉得自己已经"尘满面，鬓如霜"，才会发出"肠断"的感慨。"肠断"是指愁苦之情，悲从中来，肝肠寸断。这是中国诗词中常用的一个写法，作者将现实与梦境中的心情和境遇融合在一起，使得意境更加幽寂悲凄，感情更加真挚深沉。

平哥伴读

水调歌头·明月几时有

宋·苏轼

丙辰中秋,欢饮达旦,大醉,作此篇,兼怀子由。

明月几时有?把酒问青天。

不知天上宫阙,今夕是何年。

我欲乘风归去,又恐琼楼玉宇,高处不胜寒。

起舞弄清影,何似在人间!

转朱阁,低绮户,照无眠。

不应有恨,何事长向别时圆?

人有悲欢离合,月有阴晴圆缺,此事古难全。

但愿人长久,千里共婵娟。

这首《水调歌头·明月几时有》脍炙人口,每到中秋节的时候大家都会拿出来吟咏。写这首词时苏轼在密州(今山东诸城)做官。从序言中可以看出,词是苏轼在丙辰年(1076年)的中秋节饮酒之后,因思念自己弟弟而作。"子由"就是苏轼的弟弟苏辙，字子由。苏辙当时在齐州（今山东省济南市）做官，任掌书记，就是负责文书一类的官员。虽然密州和齐州都在山东，但按当时的规定，地方官员是不能随意串门的。自从兄弟二人步入仕途以来，总是聚少离多，苏轼写这首词时，兄弟二人已经七年未得团聚。

"明月几时有？"开篇这句可谓是旷古一问，将整首词的气韵提升到了一个非常开阔的境界。"把酒问青天"，这句话在描写苏轼当时的状态，即独自饮酒无人作陪，抬头仰望向天公发问："不知天上宫阙，今夕是何年。""宫阙"在这里指月宫。不知天上的月宫今晚是何年何月，竟如此之美。这句话隐含着对皎洁圆月的赞美和向往之情，也借此问引出了下文，"我欲乘风归去，又恐琼楼玉宇，高处不胜寒"，我真的想乘着清风去月宫看看，又担心用美玉砌成的宫殿太高了，经受不住它的寒冷。"归去"二字，隐隐有种超然洒脱之情，多少也表达了他对现实处境的不满与无奈。虽然要归去，但也有犹豫，因为"高处不胜寒"。"高处不胜寒"这句话被后人视作为人处事的警句，而苏轼在这里想表达的应该是一种凄惶的孤寂心情：月宫里的琼楼玉宇，也许并不属于我这样的凡夫俗子吧。

"起舞弄清影，何似在人间"，这句话承接上句，对月起舞，清影随人，仿佛乘云御风，哪里像在人间？此句衍生于李白《月下独酌》中的诗句"我歌月徘徊，我舞影零乱"。这里写出了苏轼情感的变化：从开始幻想飞往高处的月宫，回到对人世间的不舍。

过片，"转朱阁，低绮户，照无眠"，意思是明月转过朱红色的楼阁，低低地挂在华丽的门上。苏轼在这里将主语从自己变成了月亮。"转",动词,指转动。"朱阁"指红色的楼阁,"低",这里也用作动词。"绮户"指彩绘雕花的门。"照"也是动词。"无眠"不仅仅是指苏轼因思念亲人而无法入睡,也泛指所有因心中有牵挂而无法入睡的人。作者以三个动词,"转""低""照"描写了月亮移动的过程。上阕主语是我,下阕主语切换,以此转场,手法精妙。

紧接着,"不应有恨,何事长向别时圆?"又是一问,看似质疑,实则设问。月亮不该是对人有什么怨恨吧?为什么总是在人们离别之时才变圆呢?

"人有悲欢离合,月有阴晴圆缺,此事古难全。"悲欢离合的人世变故,和阴晴圆缺的月亮变化一样,自古以来难以周全。"悲欢离合"四字将人世间万般情感囊括其中,"阴晴圆缺"指的是月亮的不同状态。自然与人生,竟然充满了这样的巧合与相似,将悲欢离合与阴晴圆缺并列,顿生哲思。

"但愿人长久,千里共婵娟。"既然离别总是难免的,那就希望人们都能平安健康,即使远隔千里,也能共赏同一轮明月,共享人间美好。"婵娟"代指月亮。最后结句处,留下美好的祝愿,给一切经受着离别之苦的人以慰藉,给全词留下积极向上的意蕴。这也许就是苏大学士与生俱来的旷达洒脱吧。

苏东坡是有悲悯情怀的,不论世界如何对待他,不论遭遇怎样的离愁别苦,他总以一颗赤子之心面对世界,这才是真正的乐观、真正的风度洒然吧。

平哥伴读

苏轼

八风吹不动，一屁过江来

苏轼有一个朋友，是修习禅宗的和尚，法名叫佛印，佛印和尚是个风雅名士，精通诗词佛法，和苏轼性格脾气相投，在两人身上发生了很多趣事。

有一回，苏轼自己在家打坐完毕，感觉挺好，觉得自己打坐参禅的功夫又有所精进，有了一些新的感受和想法，于是就写了一首诗：稽首天中天，豪光照大千；八风吹不动，端坐紫金莲。"八风"说的是"称、讥、毁、誉、利、衰、苦、乐"八种世间的评价和体验，分别是：称赞、讥讽、指责、赞誉、利益、贬损、侵害、愉悦。所谓"八风吹不动，独坐紫金莲"，意思就是我参禅的功夫已经到了一种全新的境界，世俗的各种评价，对我已经没有作用了，不论是称赞还是贬损，都动摇不了我坚定的内心，我总能安稳地端坐在莲花台上。"紫金莲"指佛祖或菩萨端坐的莲花台。写完之后，苏轼甚为得意，就差遣自己的小书童给江对岸的佛印送去，请他点评。

佛印收到小书童递过来的信，打开一看，"八风吹不动，独坐紫金台"，佛印就呵呵笑了，随手拿起一支笔，在这首诗下边批了一个字。写完，打发小书童再给苏轼带回去。然后呢，佛印还另写了一首诗，藏在自己袖子里，慢悠悠来到江边。过不多时，小书童把信送到了"八风吹不动"的苏轼面前，苏大学士打开一看，自己这首得意之作的下面，佛印竟回了一个大大的字——"屁"。这下苏大学士可炸毛了，无名火冒出三丈高，心想你这佛印，竟敢用这个字来骂我！苏轼马上穿好衣服，去找佛印要他把话讲清楚。怒冲冲到了江对岸，哟，佛印正在江边笑盈盈地等着呢。苏轼很生气，拿着信质问佛印："佛印法师，你这是什么意思？出家人怎么能这样骂人呢？你今天非给我把话讲清楚不可！"

佛印呢，仍旧笑盈盈地看着苏轼，不慌不忙地从袖中掏出自己刚刚写的那首诗，一边交给苏轼，一边说："苏大学士啊，你别着急嘛，我写的这个字的确不雅，不过，也是有原因的。这两天我也在打坐参禅，也颇有一些心得，只不过我的心得和你似乎不太一样，我也写下来了，给您过过目？"苏轼接过来一看，佛印这首诗前三句跟自己写得一模一样，只有最后一句改了：稽首天中天，毫光照大千；八风吹不动，一屁过江来。苏轼读完，脸腾地一下就红了，继而抚掌大笑："好你个佛印啊，的确是高，太高了！我苏东坡自叹不如！"佛印在一旁也跟着大笑起来。

　　为什么苏东坡会自叹不如呢？把前因后果联系起来，你就明白了。苏东坡先写"八风吹不动，端坐紫金莲"，这话是在炫耀自己的佛学修为高，对人世间的各种评价不放在心上，已经达到了很高的境界。佛印看到，就决定跟苏大学士开个玩笑，看看苏东坡是不是真的能做到不在意世人的评价。于是他故意批了一个"屁"字，就是要激怒苏东坡，如果真的"八风吹不动"，那就算我骂你，你也该一笑了之啊。可佛印算准了苏东坡还达不到这样的境界，于是就到江边来等着怒气冲冲的苏东坡上门算账。果然，真把苏东坡等来了。所以就有了佛印的那一句"八风吹不动，一屁过江来"，都用不着"八风"，一个"屁"字，就把你吹到江这边来啦！

　　其实要做到"八风吹不动"，是需要非常深厚的修为的。"不以物喜不以己悲"，也是中国读书人一直以来追求的人生境界。大才子苏东坡一直在向这个境界努力，只是可惜，他这个真性情的大才子，真要做到不为外物所动，实在不是一件易事。不过话说回来，真到了"八风吹不动"的境界，人生岂不是也太无趣了？

《赠刘景文》：也是人生好时光

赠刘景文

宋·苏轼

荷尽已无擎雨盖，

菊残犹有傲霜枝。

一年好景君须记，

正是橙黄橘绿时。

这首《赠刘景文》被选在了语文课本里，看起来像一首送别诗，但苏轼并不是真的送别刘景文，而是通过诗来勉励他。有点像我们现在给朋友写个明信片，有点心灵鸡汤的意思。刘景文是苏轼的好友，比苏轼年长四岁。苏轼与刘景文关系甚笃，曾上表保举推荐。但刘景文仕途不顺，命运多舛，于是苏轼赠诗勉慰。

"荷尽已无擎雨盖"，"荷尽"指荷花枯萎。"擎"是动词，指向上托举。"雨盖"，苏轼是用雨盖来形容荷叶。这句是说荷花凋谢，连那可以挡雨的荷叶也枯萎了，说明已是秋末时节。

"菊残犹有傲霜枝",此处更点明了季节。"菊残",菊花枯萎凋零。连菊花都凋谢了,已然是深秋了。"傲霜枝",指菊花的花枝非常耐寒,突出菊花傲霜斗寒的形象。这里就把梅兰竹菊四君子中菊的气度表现出来了。这两句话看似赞美菊花,其实是借菊花赞扬刘景文的品格和秉性。劝慰他要珍惜时光、乐观向上,不要意志消沉。人年龄大了,就好比到了秋暮冬初时节,虽然年轻的时光随着"荷尽"已过,但是也应该像菊花一样"犹有傲霜枝"。

"一年好景君须记",意思是你要记住这一年里美丽的景色。明明都已经暮秋初冬了,为什么还是一年好景呢?因为"正是橙黄橘绿时"。正是橙子黄了,橘子还绿的时候。在苏轼眼里刘景文的人生阶段就是处在这样一个"橙黄橘绿"的美好时节,虽然青春已逝,但比年轻人成熟,前途还是充满光明和希望的,不要气馁,要往前看。某种程度来讲,这首诗何止是在勉励刘景文,也是苏轼在勉励自己。官场风风雨雨大半辈子,几起几落,自己的人生也即将进入冬季,一展抱负的机会还有多大希望呢?但不论怎么说,还是要乐观地去对待所有的不顺意。

这首诗很好地体现了苏轼那种豁达乐观的精神,苏轼始终将一种正能量融入到自己的作品中,也始终以这种正能量的心态去影响身边的人。哪怕官职一贬再贬,他都会以乐观豁达的心态去面对所有的波折。即便人生已经走到了暮秋时分,仍会想着"菊残犹有傲霜枝",仍会念着"正是橙黄橘绿时"。

平哥伴读

《饮湖上初晴后雨》：西湖之美

饮湖上初晴后雨

宋·苏轼

水光潋滟晴方好，
山色空蒙雨亦奇。
欲把西湖比西子，
淡妆浓抹总相宜。

这首诗脍炙人口，知名度可能都快要赶上李白的《静夜思》了，正是这首诗，把苏轼和西湖牢牢地绑在了一起。

标题"饮湖上初晴后雨"中"饮湖上"指在湖上喝酒。苏轼虽然不像李白一样善饮张狂，但内心也是豪放洒脱的，爱喝酒，到哪儿也都想来两盅。当时苏轼任杭州通判，三十八岁，精力旺盛，才思敏捷。

"水光潋滟晴方好"，"水光潋滟"意思是阳光照在湖面上波光粼粼的样子。"晴方好"是晴天的西湖甚美。"山色空蒙雨亦奇"，"空蒙"是细雨朦胧的样子，"山色空蒙"指西湖周围的山被水雾笼罩。正如杜牧诗"烟笼寒水月笼沙"所写的，朦胧之中的水光山色。"雨亦奇"雨中的西湖也甚是好看，与前句中的"晴方好"相对照，无论晴天的西湖还是雨中的西湖都各有妙处。

最有名的两句来了，"欲把西湖比西子，淡妆浓抹总相宜"。西湖就像是美女西施，无论是淡雅的装扮还是华丽的装扮都很适合她。苏东坡写这两句时，对西湖的秀丽风光，是发自内心的喜爱。晴方好，雨亦奇，淡妆浓抹总相宜，反正不论怎么样，西湖就是好看，不管是晴是雨，是冬是春，它都同样美不胜收。

前两句写西湖的湖光山色，也写出了西湖晴天雨天的不同姿态，"水光潋滟""山色空蒙"很有画面感。后两句，用拟人的手法，将西湖比作沉鱼落雁的美女西施，西湖的美景不言而喻，如那窈窕淑女，婀娜多姿，楚楚动人。自此，西子湖畔的美名流传至今。

这首诗从整体入手，描绘西湖的景色和意象，不拘于一色一景，笔法细腻，用词别致，将西湖别具一格的秀丽风光娓娓展现出来，确是匠心之作。能得千古传唱，不足为怪。

《六月二十七日望湖楼醉书》：拍案叫绝的景色描写

六月二十七日望湖楼醉书

宋·苏轼

黑云翻墨未遮山，
白雨跳珠乱入船。
卷地风来忽吹散，
望湖楼下水如天。

苏轼一生曾两次在杭州做官，第一次是做杭州通判，大概干了三四年，这首《六月二十七日望湖楼醉书》就是那时写的。当时西湖的名气远没有现在大，西湖后来闻名天下，很大程度上就是得益于苏轼一再地为它写诗作词。写这首诗的时候，苏轼应该刚刚喝了点酒，正泛舟西湖之上，后又登上望湖楼纵览西湖风光，兴之所至，挥毫写成了这首佳作。

"黑云翻墨"，意思是说天上的乌云就像是被打翻的黑墨水，很形象的写法，也是比较夸张的比喻。但是"未遮山"，还没遮挡住那头的山。就在这时，突然"白雨跳珠乱入船"，雨滴就好像跳动的珍珠，噼里啪啦地溅起来跳到船里。读到这句我们知道，苏轼当时正在船上。雨水不应该是透明的吗？为何这里却用"白珠"？其实这是夏日阵雨的特殊景观，因雨点大而猛，在湖光山色的衬托下，显得白而透明。这两句诗虽然只是写了景色，却很有画面感：苏轼和同伴正在船里喝着酒，突然乌云密布，转眼间就是倾盆大雨，水花四溅，仿佛千万颗珍珠，从天上倾泻而下，在船板上四散飞溅。

"卷地风来忽吹散"，意思是突然之间一阵大风就把雨吹散了。雨后初晴又是一派怎样的景象呢？"望湖楼下水如天"，"望湖楼下"说明作者已经变换了位置，从船里来到了望湖楼上。可能是作者为了躲雨，就跑到了望湖楼上，没想到大雨突然间就停了，看着楼下的湖光山色，水天相映，明净而蔚蓝。整首诗也到这里戛然而止，给读者留下了很大的想象空间。

我们把这四句诗放在一起看，起承转合，高潮迭起。从"黑云翻墨"到"白雨跳珠"再到"卷地风来忽吹散"，把一场暴雨的过程完整地呈现出来，最后又合到题目上。"望湖楼下水如天"，暴雨突然停止，美丽风光依然。画面感很强，内涵丰富。这四句诗，每一句都描写了一种景象，云翻、雨泻、风卷、天晴，采用远近结合的手法，从远处的黑云到近处的雨水，从湖中小船到望湖楼，作者位置的变化构建了令人遐想的空间。融合视觉和听觉，黑云与白水相融，风声与水声相伴，仿佛一幅动态的水墨佳作。苏轼以寥寥四句诗就呈现出西子湖独特的美景，其文字功底之深，让后人望之兴叹。

平哥伴读

父母官的趣味和品位

我们通常称苏轼为书法家、画家、文学家,但很少有人会称他是政治家。事实上苏轼也非常关心政治,只是他不屑于政治争斗,而是更多地关心民生疾苦。在苏轼任职杭州时期,为杭州城的百姓们办了很多好事。他协助太守修治六井、组织灭蝗灾、赈济灾民等,百姓们无不交口称赞,传开了他在这里的不少佳话。

因为苏轼字写得好,当时就有很多人收集他的手稿。得不到完整的作品,有个只言片语也行。于是就有人收买了苏轼身边的"秘书",两个人串通好了,苏轼要交待个什么事情,或者给什么地方下达指令,就想办法让苏轼把交待的事情写下来,再由"秘书"传递出去。有一次买通苏轼"秘书"的那个人是个屠户,他答应苏轼的"秘书",如果给他拿来一张苏轼写的小字条,就给这个"秘书"十斤羊肉。于是每逢苏轼交待公务或下达指令,"秘书"就会以自己传达时口说无凭为由跟苏轼申请书面批示。时间长了,苏轼就有些疑惑。没过多久,苏轼终于知道了"秘书"的真实目的,他感到又可气又好笑。其实人家求他的字,苏轼也不好意思驳面子,但是天天要字,还使心眼儿算计他,那苏轼就不乐意了。有一天,苏轼说完口头批示,"秘书"又让他写小条子,苏轼看着"秘书"说:"你去告诉那个人,今天禁屠。"就是今天不允许屠宰牲畜。意思就是,我知道你拿着我的字去换羊肉的事情了。"禁屠"看似是开玩笑,实则是苏轼在委婉地批评这位下属。这样既不会伤到别人的自尊,也不会把小事搞大。

还有一次,苏轼外出视察调研,看见一个小伙子在路边卖扇子,那天下着雨,天也不太热,而且他的扇子上既无字又无画,这样肯定是卖不出去的。苏轼就很好奇地问这个小伙子:"你年纪轻轻的,怎么干这个生意,而且你这样也卖不动啊。"小伙子回答道:"我是做扇子的,不会卖扇子,因家里欠了债,急需还钱。"苏轼一听,顺手在那些扇子上画上草木竹石,还配上草书题字及落款。很快,小伙子的扇子就被抢购一空,不但还了债,还剩下了不少钱。

苏轼在杭州留下的重要政绩其实是西湖苏堤的修筑。苏堤横跨整个西湖,是游览西湖非常好的线路,而"苏堤春晓"

也被誉为西湖十景之一。但苏堤其实只是苏轼最重要政绩的副产品,其最大的政绩是疏浚了西湖的河道。

西湖是一个内陆湖,湖底很容易淤积,随着水底淤泥的积累,西湖水就发出令人作呕的臭味,时间一久,西湖水就会倒灌到杭州城里,成为杭州水患的根源。苏轼认为西湖的景色怡人,一座城市能有这样一片湖是得天独厚的,但是水患问题必须根除。所以,苏轼主政杭州之后,就力主要疏浚西湖水道。为此,他专门向皇帝申请了拨款,请人到西湖里面去挖淤泥。为什么说苏堤是一个副产品呢?因为疏浚了西湖以后,如何处理挖出来的淤泥就成了一大难题。这时,苏轼的聪明、生活的趣味和审美的品位就表现出来了,他想着用淤泥建一座横跨西湖的桥,方便游客游览西湖,于是就有了苏堤。苏堤建完之后,苏轼接下来的做法更显现出了一个文化人的艺术修养——沿河岸栽种柳树和桃树,绿柳轻拂,桃花摇曳,相映成趣。就这样,苏轼把一件本来硬邦邦的民生工程——疏浚河道,变成了对艺术品的精雕细琢。苏轼为杭州的城市建设打下了很好的基础,他的精神气度、文学造诣以及艺术修养也慢慢融入杭州这座城市,成为一种独特的文化符号。也正是因为苏轼施政为民的操守和高超的审美水平深深影响着这座城,才有了今天如此独具特色的美丽杭州。

平哥伴读

《江城子·密州出猎》：何日派我再出山？

江城子·密州出猎

宋·苏轼

老夫聊发少年狂，左牵黄，右擎苍，锦帽貂裘，千骑卷平冈。为报倾城随太守，亲射虎，看孙郎。

酒酣胸胆尚开张，鬓微霜，又何妨！持节云中，何日遣冯唐？会挽雕弓如满月，西北望，射天狼。

这首《江城子·密州出猎》可谓气势磅礴，是苏轼在密州（今山东诸城）一带做官时所写。

"老夫聊发少年狂"，开篇就出手不凡，说老夫我姑且抒发一下少年的豪情壮志。写这首词时，苏轼应该还不到四十岁，却自称老夫，可见其真性情。"左牵黄，右擎苍"，左手牵着黄犬，右臂托起苍鹰，威武十足。"锦帽貂裘，千骑卷平冈"，戴着锦帽，穿着貂裘，众人跟随，犹如千军万马浩浩荡荡。一"卷"字用得很生动，衬托出了狩猎场面的壮观。"为报倾城随太守，亲射虎，看孙郎"，为了报答大家追随自己出城打猎的盛意，一定要满载而归。"亲射虎，看孙郎"是出自《三国志》的一个典故，"孙郎"指的是孙权。有一次，孙权骑在马上射杀了一只猛虎。在这里，苏轼将自己比作风华正茂的孙权，希望能像他一样，有不俗的收获，闯荡出一番天地。

"酒酣胸胆尚开张"，指的是作者尽情饮罢，心胸更加广阔，胆气更加豪壮。"鬓微霜，又何妨？"鬓角白了又如何？此时的苏轼十分享受外出狩猎带给他的豪迈之感，以至于头发白了也无所谓，表现出乐观豁达的心境。"持节云中，何日遣冯唐？"这句话是倒装、用典，典故出自《史记·冯唐列传》。在汉文帝时期，有一个叫魏尚的人，作为云中太守与匈奴作战打了胜仗，但因为虚报多杀了六个匈奴而被削职处置，冯唐知道这件事情之后，认为这样处置不当，就为魏尚求情。汉文帝答应了冯唐的请求，就派他作为使者手持符节到云中郡恢复魏尚的官职。用此典故表现了苏轼强烈渴望能够重获皇帝信任的心情。"会挽雕弓如满月，西北望，射天狼"，将弓拉成满月状瞄准西北，将箭射向天狼星。当时在西北方的正是与宋朝对峙的西夏，苏轼将西夏国比作"天狼星"，而自己要拉满弓，射天狼，表明了他渴望为国御敌，建功立业的决心。

这首词所表现出来的那种豪情，在苏轼的作品中并不多见，东坡居士传世的作品中更多呈现的是一种洒脱豁达，而不是豪放悲壮。可能是因为喝了酒，把他内心深处的豪情激发出来了。但偶尔的激情勃发，就有"老夫聊发少年狂""酒酣胸胆尚开张""西北望，射天狼"这样精彩的句子，读来实在是让人血脉偾张。

乌台诗案：独以名太高

元丰二年（1079年）三月，苏轼由徐州调任太湖之滨的湖州。按照当时惯例，为臣者调任他处须上表谢恩，所以，苏轼作《湖州谢上表》一文，略叙为臣过去无政绩可言，再叙皇恩浩荡等等。按说，感谢皇上的这类"谢表"，每一个臣子在升迁时都有可能写，皇帝也不见得会仔细看，翻阅一下就完事了。但怎奈苏轼文采太好，他在文后不经意间写了几句牢骚话：

"陛下知其愚不适时，难以追陪新进；察其老不生事，或能牧养小民。"

意思是陛下知道我糊涂愚蠢得不能跟上形势，跟不上这些新生代的同僚。"新进"在当时北宋的政治语境中有着特殊的含义，指的就是追随王安石一起变法的人。但是，王安石变法失败了，"新进"一词也就成了贬义词。这两句话引起了新党的极大不满，觉得苏轼在嘲讽哂笑他们，暗指他们是搬弄是非，扰乱朝堂的小人。这篇《湖州谢上表》在御史台传开之后，就被新党加以利用，整个御史台一下子就闹起来了。当时御史台很多王安石一派的成员看完苏轼的《湖州谢上表》之后就像吃了苍蝇一样，满心不爽。御史台的官员们叫督察御史，权力很大，大到可以监督、弹劾各级官员，直接给皇帝谏言呈送奏折。于是这些人就开始四处搜罗苏轼过去写的诗文，给他积累捏造各种黑材料，并且向皇帝揭发苏轼，说他对皇帝大不敬、妄议朝政、到处发牢骚、宣泄不满等等。《湖州谢上表》中的这几句本来是苏轼写给皇帝的略带牢骚的话，皇帝可能对此都没在意。但这些人为了报复他，就轮番跟皇帝陈述他的种种所谓"罪行"。最后皇帝下旨逮捕苏轼，将他押送回京，随即关押起来，连连审讯，生死难料。

等待判决的那段时间，苏轼的儿子苏迈每天给他送饭，他跟儿子约定好：正常送饭时就只送菜和肉，如果外头有什么坏消息，就送点鱼来，万一有什么不测，也能让他提前有个心理准备。说起来也挺好玩的，儿子给老子往牢里送饭，还搞这样的暗号。开始的时候天天都是菜和肉、肉和菜，苏东坡也就放宽心了。有一天，苏迈临时有事，找亲戚帮忙给老爹送饭，但是他忘了关照暗号的事情。也真是赶巧，那天这个亲戚给苏轼送的饭中就正好有鱼，苏轼打开饭盒一看有鱼，心想这下可真完了，吾命休矣！他就开始在牢里写诗，这是写遗书啊。写好之后，又托人带给自己的弟弟苏辙。苏辙看完，第一反应就是大哭，这是哥哥的绝笔信呀！哭完之后，想想感觉不对劲，查证没什么坏消息之后，苏辙就将传出来的诗，当没看到一样又给塞了回去。苏轼一看这遗书又送回来了，看来是还没到写遗书的时候啊。也幸亏这封遗书，在后来的案件审理中帮了大忙。

这起由御史台"修理"苏轼所引发的案件，就是后世所称的"乌台诗案"。所谓"乌台"即御史台，因官署内遍植柏树，柏树上常有乌鸦栖息筑巢，故称乌台。

苏轼被关押之后，朝中一些正直的臣僚展开了对苏轼的营救。就连已经致仕闲居金陵的前宰相王安石也给神宗写信："安有圣世而杀才士乎？" 甚至深宫中的曹太皇太后（宋仁宗皇后，神宗之祖母）也为苏轼说情。加之皇帝看到苏轼写的那封遗书，觉得他还是忠君爱国的。就这样，在大牢里关了四个月后，苏轼被放了出来。但乌台诗案还是震动了北宋文坛政坛，苏轼的很多朋友也因此案受到了牵连。当时正忙着编《资治通鉴》的司马光跟苏轼关系很好，他受牵连被罚了俸禄，还有一个朋友王巩被流放西南。而弟弟苏辙为了保全哥哥，主动辞去了所有官职。所以苏轼一直觉得对不住弟弟和那些朋友。乌台诗案之后，苏轼的仕途经历了转折点，注定了难在仕途上再有大的建树，这时的苏轼将满心为国分忧的志向转换到更为宽广的人文情怀。

平哥伴读

定风波·莫听穿林打叶声

宋·苏轼

三月七日,沙湖道中遇雨。雨具先去,同行皆狼狈,余独不觉。已而遂晴,故作此。

莫听穿林打叶声,何妨吟啸且徐行。竹杖芒鞋轻胜马,谁怕?一蓑烟雨任平生。

料峭春风吹酒醒,微冷,山头斜照却相迎。回首向来萧瑟处,归去,也无风雨也无晴。

1079年的乌台诗案，苏轼有惊无险，被从轻发落，皇上给了他一个黄州团练的官职，赶到湖北的黄州（今湖北黄冈市）去训练民兵了。此时的苏东坡四十五岁左右，历经了人生的起起落落，艺术创作已经到了非常成熟的阶段。这时期的作品开始转向对人生的体悟和对生命的反思，更显豁达超然之境。

"三月七日，沙湖道中遇雨。雨具先去，同行皆狼狈，余独不觉，已而遂晴，故作此。"这已经讲得很明白了，三月七日，和朋友在去往沙湖的路上，突然下起雨来，而书童可能带着雨具走到前面去了，朋友们都捂着脑袋赶紧跑，狼狈不堪，苏轼却不慌不忙，不一会儿天就晴了，所以就写了这首词。

"莫听穿林打叶声，何妨吟啸且徐行。""穿林打叶声"是说雨点穿过树林打在叶子上的声音。"吟啸"是指放声吟咏。这两句话的意思就是，不要在乎那穿林打叶的雨声，该慢慢走还是慢慢走，该吟诗还是吟诗，该看景色还是看景色，不受任何影响。这种心境真不是一般人所能拥有的。

"竹杖芒鞋轻胜马，谁怕？一蓑烟雨任平生。"这句继续写苏轼平静悠闲的心态，拥有这种心态，即使竹杖芒鞋行走在泥泞之中，也胜过骑马扬鞭飞奔疾驰。"竹杖芒鞋"在这里指平淡的平民生活。"谁怕？一蓑烟雨任平生"，怕什么呢？即便穿着蓑衣，戴着斗笠在风雨中过一辈子，也能泰然处之。这"一蓑烟雨"也象征人生的风雨、政治的风雨。人生要经历那么多的风风雨雨，坎坷磨难，既然躲不过，那就潇洒地前行吧，任凭风吹雨打，始终从容、镇定、达观。这一句简直就是苏轼一生的写照。虽然政治上不断地受到打击，被一贬再贬，晚年流放到了当时的蛮荒之地海南岛。

但是在精神上,他始终没有被打败,始终保持一颗鲜活灵动的心。

下片转入雨后天晴。"料峭春风吹酒醒,微冷,山头斜照却相迎",当时是三月份,还有点冷,春寒料峭。"吹酒醒"说明苏轼又喝酒了。咱们讲苏轼的诗词讲到现在,几乎篇篇都是酒后之作。这句词的意思就是指喝了点酒,春天这风一吹,感到有点冷,一下子就清醒精神起来。日头这时候已经偏西了,阳光斜着照下来,正好迎面相对。雨停了,突然之间就看见出太阳了,心中顿生几分温暖。这微冷中升起的一股暖意、一线希望,让苏轼内心更加释然:风雨再大,终会雨过天晴。

"回首向来萧瑟处",这句又是双关,回过头去看看刚才走过的这片经历风雨的林子。"萧瑟"其实更进一步指苏轼在几年之前经历的官场风雨,就是乌台诗案,对他来说那就是一场狂风暴雨。现在再回过头来看看当年所经历的这场政治风波,只不过是"归去,也无风雨也无晴",该经历的已经经历过了,苏轼当时的心态便是"也无风雨也无晴"了。这种心态并不是消极避世,而是在历经坎坷风雨后的放任和豁达。虽然仕途可能无望了,可人生的精彩并没有结束。生命中剩下的这几十年要怎么过呢?大可以"一蓑烟雨任平生",只求内心"也无风雨也无晴"。

被朝廷发落到黄州这一蛮荒之地,生活条件的窘迫,周边环境的恶劣,没有让这位名闻遐迩的大文豪颓废沉沦。相反,苏轼用自己坚韧的性格,展示了一个乐天派的生活情趣。他自己下厨,发明了红烧肉的做法,就是我们现在说的东坡肉,并且作诗《猪肉颂》:"黄州好猪肉,价贱如泥土。贵者不肯吃,贫者不解煮。早晨起来打两碗,饱得自家君莫管。"那个时候有钱人家是瞧不上猪肉的,而穷人家又不懂得怎么做才好吃。看苏轼怎么吃呢?"净洗铛,少著水,柴头罨烟焰不起。待他自熟莫催他,火候足时他自美。"字字句句透露出一种不急不火的从容心态。

被贬黄州以后,苏轼被停了月俸,仅靠从官府得到的一点实物补给来换取铜钱,而家里供养的人口又多。为了维持生计,他不得不把每月的四千五百钱,分为三十份,每份用麻绳穿起来挂在房梁上,每天早上取一串钱下来,交给妻子王闰之安排一日三餐。如果当天有些节余,苏轼就非常高兴地把这些小钱装在一只竹筒里,以备有客人来访时买酒喝。一次,苏轼的老朋友马正卿从扬州来看望他,目睹"先生穷到骨"的生活,不禁心酸难过,便找到昔日的同窗黄州太守徐君猷,求他将临皋亭下的一块荒地拨给苏轼开垦耕种,以解决一家人吃饭问题。徐太守欣然应允,苏轼十分感激,放下士大夫的矜持,在黄州的这片土地上当起了快乐的农夫。因这块地在黄州城东,是一块坡地,与唐代大诗人白居易当年植树种花的忠州"东坡"相似,而白居易是苏轼敬慕的人,于是他效法白居易,将其地称为"东坡",从此自号"东坡居士"。

《定风波·常羡人间琢玉郎》：此心安处是吾乡

定风波·常羡人间琢玉郎

宋·苏轼

常羡人间琢玉郎，天应乞与点酥娘。自作清歌传皓齿，风起，雪飞炎海变清凉。

万里归来年愈少，微笑，笑时犹带岭梅香。试问岭南应不好？却道，此心安处是吾乡。

这首《定风波·常羡人间琢玉郎》跟乌台诗案有着千丝万缕的关系，我们讲乌台诗案就提到过，苏轼有很多朋友都受到牵连。有被流放的，有被贬官、罚俸的。这些人里面就有一个叫王巩（字定国）的。这个王定国是苏轼好友中受牵连最重的一位，直接就被流放岭南，比苏轼当时惨多了。苏轼为此觉得非常愧疚。

古时候这种被流放的官员，是可以带着家人一起去流放之地的。但是通常流放之地都偏远穷苦，所以被流放的人一般都不会拖家带口。当时王定国有一位红颜知己，叫柔奴（别名寓娘），她当时的身份是一个歌伎。王定国对这个柔奴很好，而柔奴对王定国也是一往情深，毅然跟着王定国去了岭南。要知道，在当时岭南那个蛮荒之地能不能活下来都是个问题，而柔奴却陪着王定国在岭南一待就是五年。

1083年，王定国奉旨北归，也得以有机会见到苏轼。苏轼就问起王定国在岭南生活如何，岭南的风土人情如何等等。其实这种问题是带有些苦涩的，岭南的生活肯定是不好过的。没想到站在一旁的柔奴听到后，没有抱怨，也没有恶言相向，只是淡然地说道："此心安处是吾乡"。使我心灵安定的地方就是我的家乡。其实柔奴在这里是说有王定国的地方就是她的家。这句话一方面可以从爱情的角度去理解，有爱人在的地方就是自己的家；另外一方面，也可以从一个人自己人生遭遇的角度去理解，不论这个地方是天涯海角，还是喧嚣闹市，只要能让自己的内心收获一份安宁淡然，那么这个地方就是家。这份难得的安宁是从哪里来的呢？可能就是身边的人带来的，有这个人在心里就踏实；也有可能是自己带给自己的，因为经历过所以看得开，因为看得开所以从容且淡定。苏轼听到柔奴的这句"此心安处是吾乡"之后大受感动，所以写下这篇《定风波·常羡人间琢玉郎》。

"常羡人间琢玉郎"，"玉郎"是女子对丈夫或情郎的爱称，泛指青年男子，在这里指的就是王定国。相传王定国长得特别帅，这句意思就是我常常羡慕如玉雕琢般俊朗的王定国。"天应乞与点酥娘"，老天也怜惜他，将貌美聪慧的佳人送给他。"酥娘"指的是就是柔奴。

"自作清歌传皓齿",柔奴可以自己编曲作歌,自己弹唱。"风起,雪飞炎海变清凉。""炎海"比喻酷热难耐,在这里代指岭南。这悠扬的歌声从柔奴的芳口中传出,令人感到犹如风起雪飞,仿佛在那酷热之地也能感到丝丝清凉。此句借柔奴歌声的甜美来说王定国因有柔奴这样的佳人陪伴,虽然身处岭南酷热之地,但是内心中也是清凉而踏实的。

"万里归来年愈少",这句是写柔奴从远方穷荒之地归来看起来好像更年轻了。"微笑,笑时犹带岭梅香",柔奴笑起来似乎还带着岭南梅花的香气。此处以岭南斗霜傲雪的梅花来赞美柔奴。看到他们俩从那么荒芜的地方回来,不但没有神形憔悴,反而容光焕发,苏轼非常不解,于是"试问岭南应不好",试探着问"在岭南应该过得不是很好吧?"其实这么问苏轼心里也是清楚的,那里肯定是不好啊,当时的岭南比黄州还要荒凉。这要搁一般人,肯定会趁此发发牢骚,说岭南怎么怎么不好,可没想到柔奴却说"此心安处是吾乡",简简单单七个字,朴实无华,坚定有力。

后来苏轼自己也被贬到了岭南,而他跟柔奴一样,也始终都能做到"此心安处是吾乡"。苏轼一辈子几乎都在被贬谪,就算是到了岭南、海南,生活条件差到极点,苏轼也能苦中作乐。一个人在遇到困难时所选择的态度,正是判断其人性的一个重要的尺度。苏轼千百年来始终是中国知识分子的精神标杆。他有一套安妥自己的方法,有一个刀背藏身之处,无论外界发生怎么样的风风雨雨,他的内心都可以安妥下来,过好自己的日子,实现自己的价值,这一点真的很不容易。

《临江仙·夜归临皋》：不想跟你们玩了

苏轼

临江仙·夜归临皋

宋·苏轼

夜饮东坡醒复醉,归来仿佛三更。

家童鼻息已雷鸣。

敲门都不应,倚杖听江声。

长恨此身非我有,何时忘却营营?

夜阑风静縠纹平。

小舟从此逝,江海寄余生。

  这首《临江仙·夜归临皋》是苏东坡在做黄州团练时写的一首著名的词。谪居黄州的日子对苏东坡来说不算好过,但他没有被困难压倒,带着家人在黄州东坡的荒地上种庄稼树木,又在与东坡相邻的废地上盖了五间茅草房,房子盖好的时候正赶上下雪,于是取名"东坡雪堂"。

开篇第一句"夜饮东坡醒复醉",是说夜晚在东坡雪堂喝醉了,酒醒之后,再喝,又醉。"归来仿佛三更"回到临皋住所的时候好像都已大半夜了。"仿佛"二字刻画出词人醉眼朦胧的情态。"三更天"就是现在的晚上十一点到凌晨一点。"家童鼻息已雷鸣",家仆已经睡得鼾声如雷了,所以"敲门都不应,倚杖听江声"。苏轼回家时家童都已经睡着了,没人开门,而东坡并不生气,并没有责骂家童。有家不能回,夜深人静,苏轼拄杖独立于江边,万籁俱寂,耳畔只有江水声。当时苏轼心里应该也挺郁闷,大晚上一个人喝闷酒,就说明心里有事儿,内心的苦闷无法排解。而此情此景,更勾起了他对自己这半生坎坷遭遇的回忆。

"长恨此身非我有,何时忘却营营?"这句话用典,出自《庄子·外篇·知北游》中舜和丞之间充满哲思而玄妙的对话。舜问乎丞:"道可得而有乎?"曰:"汝身非汝有也,汝何得有夫道!"意思是舜问丞说:"世间大道可以被人悟到并拥有吗?"丞回答道:"你的身体都不是你的,还谈什么世间大道呢!"后面舜接着问:"吾身非吾有也,孰有之哉?"我的身体不是我的,那是谁的?曰:"是天地之委形也。"意思是你的身体是天地造化托付给你的。苏轼化用这个典故到自己的词里,"长恨此身非我有,何时忘却营营?"想来真是遗憾,连我的身体都不是我自己真正拥有的,自己能说了算的,何况是人生呢。升迁贬谪、父母妻子去世,再到乌台诗案,万般皆是无奈。二十多年的宦海沉浮,苏轼深感身不由己。"何时忘却营营?"意思是什么时候才能忘记官场中的是是非非?"营营"周旋、忙碌之状,形容忙于蝇营狗苟的名利之事。这句话实际上是来自苏轼内心深处的发问,是对自己的灵魂拷问:什么时候才能不为世俗的名利所累，真正做一回自己，自由自在于天地之间呢？

"夜阑风静縠纹平"，"夜阑"就是夜晚将要过去了。"縠纹"就是水波的细纹。"縠"本身是指绉纱类丝织品，属于薄纱的一种，用在这里是比喻水波的细纹。这句话的意思是，天快亮了，风停了，水面也只有微微的涟漪。一切似乎都平静下来了，而平静的似乎不仅只有周围的环境，还有经过一夜深刻反思的苏轼。

"小舟从此逝，江海寄余生。"驾一叶小舟随波流逝，与大自然为伴，在江河湖海中度过此生。这句话是苏轼内心的感慨，表达了他对充满政治斗争的官场已经心灰意冷的态度。虽然浪迹江湖可能不是苏轼后半生的选择，但是他对官场的厌倦，对功名利禄的漠视是确信无疑的。或许苏轼终于明白了官场并不是属于他的一片天地吧。相传这两句第二天在当地传开后，有人说苏轼写完此词的当晚，驾着一艘小船漂流而去，不知去往何处了。黄州太守徐君猷听后大吃一惊。苏东坡被贬谪而来，算是犯官，如今犯官逃跑，就是他这位一州之长监管失职啊，立马心急如焚地赶到苏家去察看。进门一看，发现苏轼正在床上大睡，呼噜声如雷鸣，不禁抚掌大笑。

这首《临江仙·夜归临皋》在苏轼的词作中也是具有代表性的一首，所表达的感慨可能更具有一种中国文人所特有的超脱于世俗之外的追求。这种追求，打动了一代又一代的读书人，让他们在经历波折后，不忘初心，找回自己，找到自己的精神家园。

卜算子·黄州定慧院寓居作

宋·苏轼

缺月挂疏桐,漏断人初静。

时见幽人独往来,缥缈孤鸿影。

惊起却回头,有恨无人省。

拣尽寒枝不肯栖,寂寞沙洲冷。

这首《卜算子·黄州定慧院寓居作》也是苏轼被贬黄州时的一首经典作品。

苏轼被后世归为豪放派代表人物,是因为他的作品常有"大江东去"的豪迈之情,人生中遭遇再多的坎坷,他也能一笑置之。但是这首《卜算子·黄州定慧院寓居作》比较特别,它表现的是苏轼在夜深人静时,心中那种很难排遣的孤寂。这时的苏轼已经四十五岁了,经历乌台诗案,不仅自己仕途无望,还连累了很多朋友,这让他于心不忍,非常痛苦。苏轼多年来遭受的官场煎熬以及后来生活的艰辛,让他深刻地认识和感悟到了世事无常与人性善恶,但难得的是,苏轼仍以"亦余心之所善兮,虽九死其犹未悔"的强大内心将悲天悯人之情升华为一种乐观旷达。这种乐观旷达是对人生的洞察和感悟后的释怀和洒脱,他在看不到光亮的深渊里,把自己变成一束光。

"缺月挂疏桐",一轮弯月升起来,仿佛挂在枝叶稀疏的梧桐树上。短短五个字就呈现出一幅十分耐人寻味、充满意境的寥落画面。"缺"和"疏"两个形容词用得非常好,配合中间的"挂"字,绝了。"缺月"就是弯月,与满月相对。

"漏断人初静"指夜深人静。"漏"指漏壶,是古代一种用水来计时、类似沙漏的工具。"漏断"就是漏壶的水滴完了,指代深夜。"人初静"夜深人静,仰望星空,这又是思考人生的好时候,东西方的先哲们都是如此。前两句写景,这是诗词中常用的起句。后面的承接就是通过景物引发情感的表达,"时见幽人独往来,飘渺孤鸿影","幽人"是幽居、隐居的人。后一句"缥缈孤鸿影"是说见到幽居的人独自来往,好似那缥缈的孤雁的身影。"鸿"指大雁。众所周知,大雁都是成群结队的,孤雁是不常见的,这就是一个比较有意思的意象。"孤雁"与"幽人"相对应,物我合一,让孤独感更加立体化,其实这里也是苏轼在自比孤雁。这句词看起来好像是写景色,写孤雁,实际上是在写苏轼自己。

诗词讲究起承转合,下面就是转了。"惊起却回头,有恨无人省",这句话就把苏轼真正要表明的东西点了出来。孤雁突然惊吓得飞走了,但又不时地回过头,好像是心怀遗憾却没有人理解。回首过去,二十余年的官宦生涯,生不逢时也好,与官场格格不入也罢,总之是没能将满腹才华施展出来,心里必然有惆怅、有遗憾，但是这种酸楚与苦闷又有谁能理解呢？苏轼在黄州并没有什么朋友，再加之乌台诗案给他内心造成的创伤尚未愈合，心里有话却无处可说，说了也无人能懂，这种"无人省"其实才是真正的孤独。

"拣尽寒枝不肯栖，寂寞沙洲冷"，这句是整首词的点睛之笔，看起来还是在写大雁，但很明显在假借大雁写自己。孤雁挑遍了冰冷的树枝也不肯栖息，情愿待在沙洲上饱受寒冷和寂寞。其实并非没有能让孤雁暂时栖身的树枝，只是它不肯将就，不肯随随便便地做出选择。这不就是在说苏轼自己吗？也许苏轼内心的孤独感正是源于他的高傲，不管是新党还是旧党，在苏轼眼里，都是名利中人而已。苏轼如果没有这份高傲，而是随波逐流，附庸权势，想必也会官运亨通，也不会遇到乌台诗案这种事。但是，苏轼有更高的精神层次的追求，不愿意攀附权贵，不愿意做出心性上的让步。虽然遭遇坎坷，但是苏轼初心依旧。这也是后世书生景仰苏轼的一个很重要的原因。"拣尽寒枝不肯栖，寂寞沙洲冷"正是苏轼精神世界的真实写照。其实与苏轼类似的感受，在李白的《独坐敬亭山》中也有体现："众鸟高飞尽，孤云独去闲。相看两不厌，只有敬亭山。"苏轼与李白，一个以孤鸿自比，一个是以青山为伴，二人跨越百年，还能够产生情感的共鸣，有如此神交，可见东坡居士也并不孤独。是的，时间是公正的，它最终会荡涤掉所有尘埃，让清者清，让浊者浊，让千年中华文脉，如丝如缕，绵延不绝。

《念奴娇·赤壁怀古》：怀才不遇生白发

念奴娇·赤壁怀古

宋 · 苏轼

大江东去，浪淘尽，千古风流人物。

故垒西边，人道是，三国周郎赤壁。

乱石穿空，惊涛拍岸，卷起千堆雪。

江山如画，一时多少豪杰。

遥想公瑾当年，小乔初嫁了，雄姿英发。

羽扇纶巾，谈笑间，樯橹灰飞烟灭。

故国神游，多情应笑我，早生华发。

人生如梦，一樽还酹（lèi）江月。

注：此词于苏轼谪居黄州时所作，经考证，黄州赤壁并非三国赤壁古战场，但却因苏轼这首《念奴娇·赤壁怀古》和《前后赤壁赋》名扬天下。后人也称黄州赤壁为"东坡赤壁"。

《念奴娇·赤壁怀古》这首词是典型的豪放派作品，洋溢着英雄气概。但是仔细品来也有一些怀才不遇的情绪。苏轼无论是作画、书法还是作诗词、写文章都堪称一流，可以说是才华横溢。但是由于各种现实的政治原因，再加上苏轼"不合时宜"的性格，他的仕途一直都不顺遂，所以难免会有怀才不遇的感慨。我们赏析这首词，要从词的背后读出苏轼的心境来。

"大江东去，浪淘尽，千古风流人物。"长江之水滚滚东流，如大浪淘沙般淘尽了那些千古风流人物。这句与杜甫的"尔曹身与名俱灭，不废江河万古流"有异曲同工之妙。其中"大江东去"不仅在写江水东流，也借此感慨时光流逝，生前建立的功勋再显赫，哪怕是千古留名的风流人物，最终也是淹没在时间的长河里。而自己被贬黄州，经历了那么多变故和挫折，就更多了一分感慨。

紧接着，苏轼从"风流人物"引到周瑜。"故垒西边，人道是，三国周郎赤壁。""故垒"指过去战争遗留的营垒。"三国周郎赤壁"，周郎就是三国时期的周瑜，可谓年少有为，二十四岁当上吴国上将军，是吴国独当一面的军事领袖，指挥赤壁大战时也不过三十三岁，可以说是非常了不起了。

"乱石穿空，惊涛拍岸，卷起千堆雪。"这句话是一个景色描写。山上的乱石好像穿破了苍穹，巨大的浪头拍打在岸上，卷起千堆雪。哪里来的雪呢？原来是浪头拍打在礁石上翻起的层层白雪般的浪花。这句话以"乱""穿""惊""拍""卷"五个字，勾勒出当时那种惊涛骇浪、汹涌澎湃的壮阔景观，仿佛使人置身于当年的赤壁古战场。

"江山如画，一时多少豪杰。"苏轼感慨万里江山风景如画，三国时期短短几十年时间，竟涌现了如此多的英雄豪杰。这背后还隐藏着一种感慨：纵然三国时有很多的英雄豪杰，但是历经岁月沧桑，这些人现在又在何方呢？苏轼此时已经觉察到北宋国力的软弱和朝廷的萎靡，渴望能有如三国时那样的英雄豪杰来改变现状。

下阕一开始，苏轼接续前面提到的周瑜，"遥想公瑾当年"，"公瑾"是周瑜的字。那当年的周瑜是什么样的呢？自然是意气风发，除了二十四岁拜上将军、三十三岁在赤壁一战成名，当然还有美女嫁英雄的得意。"小乔初嫁了，雄姿英发。"赤壁之战时周瑜已成婚多年，这里用"初嫁了"来烘托气氛，他的妻子就是一代美女小乔，这是一段郎才女貌的佳话。小乔还有一个姐姐，人称大乔，也是一位才貌俱佳的美人，东吴的政权奠基者之一孙策娶的是大乔。当时有很多人都十分倾慕大乔、小乔的美貌，其中就包括曹操。曹操在发兵东吴之前，就命人盖好了铜雀台，只等拿下东吴之后，将大小乔据为己有。杜牧有诗云："东风不与周郎便，铜雀春深锁二乔。"《三国演义》里面也提到过此事。

"羽扇纶巾，谈笑间，樯橹灰飞烟灭。""羽扇"就是鹅毛扇。大家都熟悉诸葛亮总拿着这么一把扇子，其实周瑜身为一代儒将，手里拿的也是一把鹅毛扇。"纶巾"指用青丝制成的头巾。当时一般文人都佩戴这样的头巾。这样的穿着打扮，显见周瑜不是一介武夫，而是"儒将"。"谈笑间"，说笑之间，看起来很轻松，形容年轻时的周瑜指挥作战从容淡定。"樯橹"代指曹操的水军战船。为什么是"灰飞烟灭"？因为赤壁之战用的是火攻，一把火下去，借着东风之力，把曹军战船烧得灰飞烟灭。

"故国神游，多情应笑我，早生华发。"苏轼从遥想的沉思回到了现实中来，情不自禁地发出自笑多情，光阴虚掷的叹息，周瑜年轻有为，而自己满头白发了还一事无成，有心报国，无缘效忠。"故国神游"是一个倒装句（神游故国），"神游"是在想象、梦境当中游历，有点像做白日梦。"故国"是指吴国。意思是说苏轼于想象中到了当年的赤壁大战古战场，领略了古战场的豪迈和周瑜的"雄姿英发"。后面的"多情应笑我"也是一个倒装句（应笑我多情），意思是应该笑我自作多情。"早生华发"，关于苏轼白头发这事儿，后世也是有考证的。苏轼写《江城子·十年生死两茫茫》的时候，就提到了两鬓斑白，后来写《江城子·密州出猎》也自称老夫，其实他当时也就四十岁，可已有不少白头发，有人推测苏轼可能是少白头。所以苏轼到了四十七岁写这首《念奴娇·赤壁怀古》的时候，他的头发应该已经花白如雪了。为什么苏轼特意要写自己"早生华发"？他以前的作品虽然也提到白发，可从没有感慨过自己老得太早啊。结合他的经历来看，苏轼觉得自己明明可以继续为国家奉献才华，却被冷落在黄州这个荒僻之地，所以就有了岁月不待人的感慨。"早生华发"四个字中也隐含了苏轼对自己仕途沦落的无奈和不甘。

"人生如梦，一樽还酹江月。"苏轼觉得自己这四十多年的人生犹如黄粱一梦，举起酒杯祭奠这万古的明月，寄托自己的一点感怀吧。"酹"是祭奠的意思。与其说苏轼是在祭奠明月、祭奠美景、祭奠古人，不如说是在祭奠自己的人生。恐怕当时的苏轼怎么也想不到，自己会在洗尽铅华之后，以半百的年龄重居庙堂之高，这也是一种命运的无常吧。

《题西林壁》：唐诗讲感情，宋诗讲道理

题西林壁

宋·苏轼

横看成岭侧成峰，
远近高低各不同。
不识庐山真面目，
只缘身在此山中。

1084年，苏轼被贬黄州已经五年，这一年，神宗下令将苏轼由黄州改迁到汝州任团练副使，神宗皇帝到底是爱才之人，觉得苏轼这样有才华的人不能在地方压制太久。汝州离京都开封更近一些，算是圣恩眷顾吧。这首《题西林壁》就是去往汝州的途中与友人游庐山时所写。虽然苏轼是被贬谪，但丝毫不影响他在文坛的赫赫声名。相传苏轼刚到庐山，人们很快就传开了，一代大文豪苏轼来啦，僧人们纷纷请他题诗。这首《题西林壁》就是题写在庐山西林寺墙壁上的一首诗。和李白的《望庐山瀑布》不同，苏轼的这首诗不仅仅写庐山的风光，还引申出

来一番道理。这也折射了整个宋朝时期诗歌的特点。

唐宋都有诗，唐诗是绚丽而浪漫的，即便是写实的唐诗，也往往侧重抒发感情，表明志向。但到了宋朝，"诗"这种文学体裁，更多显示出一种"明理"的特征。

"横看成岭侧成峰"，庐山是南北走向，横看就是从东西两面看，庐山绵延不绝，就像山水画中的一片群山。"侧"也就是从南北两面看，庐山就是一座座耸立的山峰。这句话是说，变换角度看庐山，它的样子是不一样的。

"远近高低各不同"，承接上句。第一句讲横向、侧向方位空间不同，这句讲远、近、高、低距离空间的差别。头两句写景，后两句开始说理。"不识庐山真面目"，这是起承转合中的转折句。结合前两句，我们确实不知道庐山的真面目是什么，不同角度看它都不一样，庐山是峰还是岭？是宏观上的巍峨险峻还是微观上的精致美景？没办法有一个定论。那为什么会"不识庐山真面目"呢？第四句回答了，"只缘身在此山中"。因为我这个欣赏庐山美景的人，就在这山中啊。你看，苏轼不只是在描写庐山，更是在说一种人生道理——当局者迷，旁观者清。当你身处其中时，往往只能看到局部，只有跳出来才能有一个全面的宏观的认识。

苏轼这首诗语言很简单，但是表达的道理非常深刻，这个道理虽然是从看庐山风光中悟到的，但不止庐山，用在我们的生活里，也是一样。这就是宋诗"说理"的特征，它能够用平常的文字，闪耀出哲理的光芒，所以说宋诗在唐诗的基础上，开创了格律诗的一种新境界。

《惠崇春江晚景》：嘴馋的苏轼

惠崇春江晚景（其一）

宋 · 苏轼

竹外桃花三两枝，

春江水暖鸭先知。

蒌蒿满地芦芽短，

正是河豚欲上时。

　　经查证，这首诗写于1085年，苏轼已经回到都城汴京做官了。当时的情况比较特别，支持王安石变法的宋神宗已经驾崩，新皇帝年幼，太后垂帘听政，而这位太后非常欣赏苏轼，就把他调回了京城开封，不到半年苏轼就升任为翰林学士。翰林的主要工作就是帮皇上草拟诏书，发布命令，相当于"机要秘书"。此次返京，是苏轼人生中比较幸运而惬意的一段安适的时光。

　　这首《惠崇春江晚景》是苏轼题在画上的诗作。国画特别讲究意境，在画上面写一首诗就是烘托意境的一个很好的方法,书画不分家。题目里的"惠崇"是一个和尚，跟苏轼是好朋友,能写诗能作画。有一次惠崇画了两幅画，一幅是鸭戏图，另一幅是飞雁图，就请苏轼帮他在画上分别题诗，《惠崇春江晚景》二首就是由此而来的。咱们讲的这首就是写在鸭戏图上的，是《惠崇春江晚景·其一》。

"竹外桃花三两枝"，竹林外面的桃花开了，这就是春天到了，惠崇在画的时候为了表现节令，画了桃花。"三两枝"说明当时是早春时节，桃花开得还不是太多。"春江水暖鸭先知"，春天来了，凫在水上的鸭子最先知道了这个好消息，因为江面上的冰化了，江水慢慢暖和起来了，鸭子们就开始在水上嬉戏玩耍了。

"蒌蒿满地芦芽短"中"蒌蒿"就是一种草，有青蒿、白蒿等等，这种草就是《诗经》里所写的"悠悠鹿鸣，食野之蒿"中的"蒿"。即将到来的春天，让苏轼这个"吃客"想起了一种美味。苏轼爱美食，从黄州的东坡肉我们就知道了。那这回他想到的是什么美味呢？"正是河豚欲上时"，原来是河豚。春天，正是河豚逆流而上，从大海洄游到江河里的时候。历史上有苏轼吃河豚的记载。从字里行间读来，感觉苏东坡指不定是流着口水写的：嗯，有河豚可以吃了！虽然河豚美味，但体内含有剧毒，所以民间有"拼死吃河豚"的说法。宋代时有一个仰慕苏东坡的士大夫，烹制河豚手法独到，听说东坡是个"河豚迷"，便邀请他来家品尝，也想从大学士口中得到些褒奖。没想到，他老人家只顾埋头吃，一个字不讲，等吃完了才放下筷子，满足地说道："据其味，消得一死！"意思是太美味了，能吃上这样的美味，死也值得了。得到大文豪的夸奖，主人心里乐开了花。不得不说，苏东坡为了美味真是拼了。但我们要珍惜生命，保护野生动物，千万不要吃这些会引起中毒的东西。

苏大学士轶事拾遗

1085年苏轼在经历乌台诗案等坎坷之后，终于熬出了头。蒙太后赏识，从"东坡居士"变成了苏大学士——翰林院大学士。这一年，苏轼四十九岁。在翰林院时期，已经有很多人开始收集他的诗词字画了。苏轼琴棋书画的水平都很高，在文学、艺术上可谓集大成者。苏轼的书法在中国书法史上也有一席之地，"天下第三行书"说的就是苏轼的手笔。宋代四大书法家苏、黄、米、蔡，苏轼排第一。苏轼还把书法的技法和诗词的功力运用到绘画当中，强调诗与画共同烘托意境，正是苏轼给了王维"诗中有画，画中有诗"的评价。至于诗词，更不用说了，他的诗词造诣是独步当代的。有这么个大文豪为皇帝起草诏书，那一份份诏书可就成了一篇篇光彩照人的佳作了。

在苏轼因为种种原因离开京城以后，有一个姓洪的翰林接了他的班儿，给皇上起草诏书。这位洪翰林因为自己能接替苏轼给皇帝起草诏书，觉得很得意。有一次，洪翰林就问手下的办事员："你们看我的水平比苏轼如何？"其实潜台词就是我不比你们的前任上司差。一个曾经在苏轼手下当过差的老仆就回答了："我不懂你们如何写诏书，大概还是您洪翰林写得好一点。因为我看苏大学士当年起草诏书的时候，从来都不翻书。"这话一出，估计洪翰林肯定得脸上红一块儿、紫一块儿的。人家老仆的潜台词很清楚了，你写文章还要翻书查资料，人家苏大学士肚子里都有，提笔就来，你说这俩人的才情还怎么比。

还有一件事是说有一次苏轼在家吃完饭，当着家人和仆人的面儿，摸着自己的肚子问："你们说我这肚子里都装了些什么啊？"妻子王闰之回了一句："您这儿装的都是一肚子学问呀！"一旁也有家人说："您这是一肚子墨水。"苏轼听了直摇头，这时，他的侍妾朝云叹了口气说："您这装的是一肚子的不合时宜。"听到这句话，苏大学士不由得捧腹大笑，称赞道："知我者，唯有朝云也。"朝云的评价其实非常准确，苏轼这一辈子，就是不合时宜。他先是在新党得势的时候极力反对王安石变法,结果被一贬再贬;而后旧党得势的时候又直言进谏,得罪了很多人。当所有人都为了保全自己,不惜抛弃原则的时候,苏东坡孑然一身,就是不愿站队。其实并不是苏轼孤傲,他只是在践行为官应有的操守,只是在一个特殊的环境当中,做正确的事,倒反而显得格格不入。但历史终有公论,这份不合时宜,最终成就了苏轼为官一生的傲骨芳名。

苏轼的流放生涯

　　1093 年，非常赏识苏轼的高太后去世了。高太后的离世，使得当时北宋的朝廷政治重新洗牌，一场更加激烈的权力倾轧拉开了帷幕，而苏轼最不屑的恰恰就是政治争斗。很快他就被调离京城，外放到颖州，然后扬州、定州，之后一直贬谪到岭南。从定州到岭南这一路，可谓是跋山涉水、瘴气横行。官场上的明枪暗箭苏轼没少经历；天威难测，宦海沉浮，苏轼对此更是了然于心。所以此次遭受重大挫折，苏东坡表现得很淡然，在他最后的人生阶段里，终于同官场彻底没了关系。在某种程度上，我们甚至应该感谢那些曾经排挤苏轼的人，正是他们，让中国的历史长卷中多了一位文学家、书法家、画家，而不是一个平庸的官员。如果苏轼当年成了宰相，那我们很有可能就看不到他这么多的传世之作了。像苏轼这样的艺术家，对后世、对历史的影响是千秋万代的，只要华夏文明一直传承下去，苏轼的名字就会永远镌刻在后人的心中。

此后苏轼一路走，官衔一路降。最后连个太守也没保住，到了惠州，就剩一个建昌军司马的职务了。惠州时期，苏轼又到了穷得揭不开锅的地步，苏门四学士之一的张耒曾派人照顾他。人生的起起伏伏，真是不可捉摸。苏轼经历过黄州时期的穷苦，也有过翰林大学士的好日子，现在到惠州，虽然条件差了很多，但凭借一如既往的乐观和开朗，苏轼把困窘的生活过得有滋有味。这不，到了惠州，美食达人苏东坡又发现好吃的了——被称为"惠州一绝"的荔枝，而且他还写了不少诗篇来赞美荔枝的美味，其中就有"日啖荔枝三百颗，不辞常作岭南人"的名句。此外，他还琢磨着酿酒，时常向当地人请教酿酒的方法。

即使到了这一步，苏轼还是没能逃过官场的算计。1097年，已经六十二岁的苏轼又被贬官了，其实这次都不能说是贬官，简直就是流放。去了哪儿？儋州，就是现在的海南。一路往南贬，贬到海南是不能再远了。那时候的海南可不是咱们现在这样的旅游胜地，纯粹是穷乡僻壤，什么东西都没有。在一千多年前，海南简直就是不适宜人类居住的地方。苏轼和苏迈父子俩在海南的日子非常窘迫，天天琢磨吃什么东西来填饱肚子，以前在黄州还能自己炖红烧肉，在这儿就吃不着了。那吃什么呢？吃苍耳，就是那种长着一个个小刺球的野草。苏轼也能拿来煮粥喝。实在吃不饱，苏轼干脆研究"辟谷"，就是如何不吃东西也不会觉得饿。一代大文豪日子过成这个样子，真是不可想象。

但苏东坡到底是苏东坡，一个六十多岁的老人带领儋州当地人发展农业、修路架桥、凿泉挖井，把儋州当成自己的第二故乡。在他到海南之前，这地方从来没有出过一个真正的读书人。但苏轼在海南，不但活得好好的，还兴办学堂，为海南培养了第一位举人姜唐佐，第一位进士符确。我特别佩服东坡这样的人，不为外界环境所扰，做什么事儿都能做出个样子来：在杭州做官建设了西湖美景；做翰林学士把诏书写成文学作品；在黄州能留下旷世杰作；到了海南，还能带学生，传承文脉。

"世事一场大梦，人生几度秋凉？"这是苏轼自己的感慨。身处天涯海角之地，回忆自己的青葱岁月，当年科举考试名震天下、在杭州主政一方、身陷乌台诗案、高居翰林学士、又被一贬再贬，一直到此天涯海角。相信在苏轼看来，他的人生真像是一场大梦。

《蝶恋花·春景》：人生别离总无情

蝶恋花·春景

宋·苏轼

花褪残红青杏小。

燕子飞时，绿水人家绕。

枝上柳绵吹又少，天涯何处无芳草！

墙里秋千墙外道。

墙外行人，墙里佳人笑。

笑渐不闻声渐悄，多情却被无情恼。

　　这首《蝶恋花·春景》是苏轼被贬广东惠州时所作，当时苏轼将近六十岁了。词牌名"蝶恋花"，很常见。这首小词表面意义非常容易理解，都是大白话。但当你了解了苏轼写这首词的背景和所处的生活状况，再来仔细品一品，你就会感觉到其中蕴含的深意。

　　上阕描写景色。"花褪残红青杏小"，开篇第一句写了两样东西，"花褪残红"是说花朵大都凋零了，失去了鲜艳的颜色。"青杏小"是指树上结出了小小的青杏。当时是暮春时节。"燕子飞时，绿水人家绕"，燕子绕舍而飞，绿水绕舍而流，一个"绕"字非常生动。

"枝上柳绵吹又少"，"柳绵"指柳絮。初春柳树刚刚抽芽，之后会漫天飞舞，但是到了暮春时节柳絮就少了。中国古人写诗写词很容易把握两个季节，一个是暮春，一个是秋天。这两个时节总是会引发人们的感慨。联系到这是苏轼远谪岭南后的第一个春天，不难想见，诗人在这里感慨的不仅仅是春光流逝，还暗含着对自己身世飘零的哀叹。虽然"枝上柳绵吹又少"，但苏轼却接着说"天涯何处无芳草"。这一句看上去颇有东坡式的豁达：这里的春天虽然已经消逝了，可天地之大，世上还有很多地方仍旧芳草青绿，充满着浓浓的春意。这样一想，又何必为这一处的春光流逝而叹息呢？也正因有此解，我们经常拿这句来宽慰那些失恋的人。其实这种理解是有些偏差的。相传苏轼在惠州时曾让侍妾朝云唱这首词，朝云唱到这句时突然哽咽，满眼含泪，唱不下去了。既然是一句豁达的宽解之词，为什么朝云在唱此句的时候会伤心到唱不下去呢？其后又有怎样的深意呢？这句词其实化用了屈原《离骚》中的诗句："何所独无芳草兮，尔何怀乎故宇。"屈原被放逐时，假借巫师之口劝说自己：世界那么大，何处无"芳草"，既然楚王不信任你，又何必非要留在这里呢？但是屈原明知他所追寻的"芳草"处处有，但最终也没舍得离开自己的国家。其实苏轼和屈原一样，无论身在何处，始终心系江山，想要一展抱负，无奈却在垂暮之年落得个飘零天涯的结局，他与屈原的遭遇何其相似啊！所以这句看似旷达的"天涯何处无芳草"背后蕴含着的是深切的悲痛。想必这也是朝云真正理解并怜惜苏轼的地方。朝云是苏轼一生的患难知己，苏轼被贬谪多年，无论到哪里，朝云一直随同苏轼颠沛流离，苏轼对这份情义也非常感动。据说之后不久，朝云就去世了，苏轼此后余生，再未听过此词。

下阕写人，抒发情感。但是主人公并没有露面，作者的笔法非常巧妙。"墙里秋千墙外道"，墙里有秋千，墙外有小路。古时的秋千不仅是孩童玩，还多为姑娘们嬉戏所用。

"墙外行人，墙里佳人笑。""佳人"指才貌双全的女子。墙外的行人听到了少女荡秋千的笑声，被甜美的笑声吸引住了，以为那是位佳人。行人肯定也想一睹佳人的芳容，但是没办法，中间隔了一堵墙。"笑渐不闻声渐悄"，渐渐地听不到笑声了，说话的声音也渐渐没了。行人这下可失落了，刚才还驻足墙外，醉心于少女银铃般的笑声，这会儿却忽然什么也听不到了，心中难免会有失落。最后一句"多情却被无情恼"，想想真是让人哑然失笑。"多情"是指墙外的行人有些多想了。因为墙里的少女只是和平常一样在荡秋千玩耍，根本不知道墙外还有人沉醉其中。这不被"佳人"理解的"墙外人"，其实不就是苏轼自己吗？苏轼也曾说过自己"多情"，"多情应笑我，早生华发"。到眼下这番田地，想想自己的多情，苏轼多半也要哑然失笑吧。

苏轼一生历经波折，承受了种种打击，但他从未歇斯底里，而是将所有的苦痛和感伤，都凝练在这意味隽永的词句之中了，这便是"洗尽铅华"后的淡然吧。呜呼！古今多少事，都是"多情却被无情恼"啊！

黄庭坚 秦观

东坡门下四学士

中国传统文化中有将人物并称的习惯，比如李白和杜甫并称"李杜"；李商隐和杜牧并称"小李杜"；元稹和白居易并称"元白"；韩愈和柳宗元并称"韩柳"；孟郊和贾岛并称"郊寒岛瘦"等等。"苏门四学士"也是这样的并称，指的是苏东坡的四个学生。分别是黄庭坚、秦观、晁补之和张耒。这"学生"的称谓，是比较宽泛的亦师亦友的关系，不是严格意义上的拜入师门。在这四人中，黄庭坚和秦观留下的作品比较多，因篇幅有限，我们就先从这两位讲起。

黄庭坚，字鲁直，与苏东坡并称为"苏黄"。能与苏轼齐名，显见其不简单。黄庭坚在北宋诗坛是非常有影响力的，是江西诗派的"一祖三宗"人物之一。"一祖"说的是杜甫，而"三宗"中排第一的就是黄庭坚。严格意义上，江西诗派是我国文学史上第一个有正式名称的诗派。黄庭坚作为江西诗派的一代宗师，作为整个江西诗派的领军人物，在诗坛上的地位十分不得了，与苏东坡是并称的。同时，黄庭坚也是一位书法大家。他的字受苏东坡的影响，但也有自己的风格，轻灵洒脱，有动感又不流于轻浮，所以在书法上，黄庭坚跟苏东坡也是齐名的。

黄庭坚曾说过这样一句话"三日不读书，便觉言语无味，面目可憎。"意思是说三天不读书，就觉得自己讲出来的话都没味道，连面容都觉得令人讨厌。由此可见，黄庭坚不仅很爱读书，而且对自己要求也很高。黄庭坚做过国子监教授，相当于国立大学的老师，他的一生基本以做学问为主。

第二位秦观，字少游，婉约派词人。秦少游可谓一生坎坷，进京赶考三次才中了进士，被朝廷任用后又屡遭贬谪，所以他的词抒发的多是心中的抑郁、忧伤和愁苦。他和苏东坡相识在徐州，秦观去苏东坡府上干谒，颇得苏轼赏识，两人由此建立了亦师亦友的关系。他写过一句"我独不愿万户侯，惟愿一识苏徐州"，意思是能认识一下苏东坡，比当多大的官儿都值得。后面还有两句，"不将俗物碍天真，北斗以南能几人。"意思是赞美苏东坡本性淳朴，不会因为俗世生活而扭曲本性，像这样的人北斗以南能有几个啊。这几句对苏东坡的评价也许略有夸大的成分，但其中的情谊还是让人赞叹。苏东坡与少游惺惺相惜，虽然两人年龄差了一旬，但是精神上的契合让他们彼此成为知己。苏东坡对秦观的评价也非常高，曾夸赞秦观有屈原、宋玉的才华。民间传说苏东坡把自己的妹妹苏小妹嫁给了秦观，但据考证，苏小妹应为虚构的人物，秦观的原配夫人为高邮富商徐成甫之女徐文美。

《鹧鸪天》：恃才傲物才子风度

鹧鸪天·座中有眉山隐客史应之和前韵，即席答之

宋·黄庭坚

黄菊枝头生晓寒。

人生莫放酒杯干。

风前横笛斜吹雨，

醉里簪花倒著冠。

身健在，且加餐。

舞裙歌板尽清欢。

黄花白发相牵挽，

付与时人冷眼看。

从标题可以看出，这首《鹧鸪天》是应和酬唱之作，也是黄庭坚的代表作，其中颇有一番桀骜的才子气质。这种才子气质的背后，放在更大的一个时空背景中去看，其实是中国读书人的风骨，是一种不与世俗同流，

坚守精神家园的品质。

写《鹧鸪天》的时候是黄庭坚晚年被贬谪西南期间，史应之是他在贬谪地结交的朋友，也是苏东坡的老乡。黄庭坚虽然从未身居要职，却多次受到北宋末年政治斗争的牵连，一生仕途坎坷，屡次被贬，难免心生苦闷，虽然愤懑不平，但他不愿违背自身操守，希望挣脱世俗羁绊。虽然词中有一些牢骚，但并不是消极的态度，而是很真实，很率真，有一种"能拿我怎么样"的达观放浪之态。

开篇"黄菊枝头生晓寒"是说秋天到了，天气变凉，清晨寒冷的气息在黄菊枝头弥漫开来。这句给人一种萧索的寒意，而紧接着迸发出的却是一种对"晓寒"不以为意的态度和豪情："人生莫放酒杯干"。人活一世，不能让酒杯空着，颇有李白《将进酒》中"岑夫子，丹丘生，将进酒，杯莫停"的气势，也有东坡词豪放风格的影响。这里的喝酒，不是纵情享乐，而是一种对现实的逃遁与无奈。无法改变现实，更不愿降尊纡贵、曲意逢迎，只能是借酒消愁愁更愁啊！

"风前横笛斜吹雨，醉里簪花倒著冠"这两句写出了词人醉中狂态：横起笛子对着风雨吹，头插菊花，倒戴着帽子。"倒著冠"是把帽子倒过来戴。这里有一个典故，讲的是山简醉酒的事情。西晋名士山简，喝醉酒后常常倒着戴头巾。主流的价值观要求学而优则仕，但世风益衰，在官场中就不免蝇营狗苟，黄庭坚不想和他们同流合污，他渴望自由的生活，我是有才华，但我的才华绝不用来趋炎附势，捧高踩低。

"身健在，且加餐。舞裙歌板尽清欢。" 趁着身体健康时努力加饭加餐，在佳人的歌舞陪伴之下尽情欢乐。这是劝朋友史应之，也是黄庭坚自劝。"加餐"出自《古诗十九首》中的"弃捐勿复道，努力加餐饭"。"舞裙歌板"指和着板子的声音唱歌跳舞，尽情享受人间的美妙欢乐。

最后两句"黄花白发相牵挽，付与时人冷眼看。""黄花"说的是菊花，菊花傲霜而开，因而有黄花晚节之称。可作者这岁数，却在花白的头发上插戴黄花，在别人看起来肯定是很荒唐，但他却"付与时人冷眼看"，让奸佞政客冷眼相看好了，我绝不与之同流合污。

这些看似轻松俏皮的话语背后其实隐藏着无可名状的悲哀。黄庭坚十五岁时父亲去世，舅舅李常对他悉心栽培，二十三岁考中进士。黄庭坚参与编纂《神宗实录》时，因为新旧党争，被冠以莫须有的罪名，后来又得罪了新党核心成员时任副宰相的赵挺之，就是赵明诚的父亲李清照的公公，后屡次遭到贬谪流放。但是黄庭坚面对坎坷命运，一直淡定如常，只有在朋友面前才展现戏谑清狂的一面。因为黄庭坚对世俗的鄙视和不屑，他也是不被世人所理解的，所以干脆摆出了一副放荡不羁的样子去对待这个世界。颇有柳永"拟把疏狂图一醉，对酒当歌，强乐还无味"的气度。

"人生莫放酒杯干"，"付与时人冷眼看"，要做到这样的放达自在，不在意世俗的眼光，实在不是件容易的事。黄鲁直的才子气，"真名士自风流"的傲世性格，让人好生羡慕！

《清平乐·春归何处》：惜春之情

清平乐·春归何处

宋 · 黄庭坚

春归何处？寂寞无行路。

若有人知春去处，唤取归来同住。

春无踪迹谁知？除非问取黄鹂。

百啭无人能解，因风飞过蔷薇。

这首《清平乐·春归何处》很有名，写于1105年暮春时分，表达的自是惜春之情。当时黄庭坚被贬广西宜州，同年9月黄庭坚离开人世。

上片开篇用拟人修辞，把春天想象成一个寻觅不得的人。"春归何处？"春天回到了哪里？无奈"寂寞无行路"。"寂寞"就是清静、寂静的意思。"无行路"是说没有留下春天离去的行踪。自问自答，其实并无解答。

"若有人知春去处，唤取归来同住"，这是黄庭坚在无解之后，继续承接上句的疑问，转而向外界去打听春天的行踪：如果有人知道春天的踪迹，赶紧把春天带回来，好让它多待段时间。这就写得很妙了，在自己寻春天而未果的情况下，竟然还想着向别人打听，表达了黄庭坚对春天的痴迷和留恋，也体现出其内心的淳朴天真以及对美好事物的执着追求。

过片"春无踪迹谁知？"再问有谁知道春天的踪迹呀？承接上阕中对春天踪迹的疑问，是继自己或者他人寻觅春天而不得之后的又一次发问。而后转折，"除非问取黄鹂"，看来只有问春天飞出来的黄鹂鸟了。可是"百啭无人能解"，黄鹂婉转鸣叫之声没人听得懂。连黄鹂也无法告诉我，春天去哪儿了，伤感之情愈显浓厚。

"因风飞过蔷薇"，只见黄鹂趁着风势飞过蔷薇花丛。哦，蔷薇花已开，原来夏天将要来临，直到这时，词人才终于意识到：春天确实是回不来了。其实这里写黄鹂鸟动听的鸣叫声也是在写春天的美好，正因美好所以想要留住，这是惜春。在惜春的基础上，再往前走一步就是伤春，感受到了春天的美好，但是当它要离开的时候，你却无能为力，因而感到很悲伤。正所谓"流水落花春去也，天上人间"。惜春是仅就春天而言，伤春却是在感叹整个人生。天下没有不散的筵席，再美好的事情，最后都会走到尽头，难免伤怀。所以我们要学会珍惜，珍惜美好的事物，珍惜眼前人。

《鹊桥仙·纤云弄巧》：升华的感情

鹊桥仙·纤云弄巧

宋·秦观

纤云弄巧，飞星传恨，银汉迢迢暗渡。

金风玉露一相逢，便胜却人间无数。

柔情似水，佳期如梦，忍顾鹊桥归路。

两情若是久长时，又岂在朝朝暮暮。

少游的这首《鹊桥仙》可算是婉约词里的扛鼎之作了，也很能体现秦观的风格。秦少游作品的特点是文词清丽。他修饰一样东西，能让人觉得栩栩如生、活灵活现，但是诗文总体格局略小，这也是后世词评的公论。钱锺书先生在《宋诗选注》中曾写道："艺术之宫是重楼复室、千门万户，决不仅仅是一大间敞厅。不过，这些屋子有正有偏，有高有下，不可能都居正中，都在同一层楼上。"钱老认为，在艺术的宫殿里，有千门万户，就像故宫一样，有的是大殿，比如乾清宫；有的只是一个连牌匾都没有的小偏间。李杜、韩柳、苏东坡，他们在中国文学的殿堂中，一定是大殿。至于秦观，则是一间小屋子，屋子虽小，却独具匠心。锺书先生的这段评价，真是让人拍案叫绝，比喻得太恰当了。秦观真是擅长捕捉这些细腻敏感的情愫，看似格局不大，却凭借独特的语言风格，在艺术宫殿中开出了自己的门户，而这首《鹊桥仙》实在是秦观这个门户里的"镇店之宝"。能把爱情的意境写到这个水平，古往今来并不多见。

"纤云弄巧，飞星传恨"两句对仗，"纤云"指轻盈、飘逸的云彩。"纤云弄巧"是用拟人的手法写天空中云彩的变幻，说云朵在天空中幻化成各种各样奇妙的花样，似乎是在卖弄自己的精巧。后一句"飞星传恨"也是拟人。"飞星"有两种说法，一种认为是流星，一种认为是秦观所写的牵牛织女两颗星。"鹊桥仙"这个词牌，就是从牛郎织女鹊桥相会的传说来的。这两句拟人开篇，一面写星夜景色，一面也带出了牛郎织女的背景故事。下句"银汉"是银河，"迢迢"指遥远的样子。相隔这么远，怎么办呢？"暗渡"呀，偷偷渡过银河来相会。

"金风玉露一相逢，便胜却人间无数。"明明是牛郎织女相逢，为什么叫"金风玉露"呢？这是借代的修辞，用金风和玉露借指天上的牵牛和织女两颗星。"金风"就是秋风。"玉露"是露水。金风玉露怎么会相逢？秋风起天气凉，就有了露水啊。少游心思真是细腻，竟能想到"金风玉露"这样的借代！因为感情真挚，所以为了见上一面，就算付出再大的代价都是值得的，这就是"便胜却人间无数"。能相见，就胜过人间无数的富贵名利。这句很巧妙，借金风玉露表达爱情的高尚纯洁和超凡脱俗。

"柔情似水，佳期如梦，忍顾鹊桥归路。"有情人相逢，定是柔情似水的，"忍顾"是反问的语气，两人难得有机会在鹊桥上相见，可没多久就要踏上归路，这让人如何忍心回头去看分别以后的归路呢？正所谓"相见时难别亦难"。这一句写得婉转动人，两人见面的柔情蜜意，不是直白地说出来，而是绕着弯让读者去体会似水的柔情、梦境般的甜蜜，还有分别时的苦楚。

最后一句合回来，"两情若是久长时，又岂在朝朝暮暮"，如果两个人的感情能够天长地久，就算每天都见不着也没有关系，即便见不到，但是真情在，这反而是一种很美好的意境。这句话放在这里，像是在宽慰牛郎织女，又像是在对读者发出感慨，把整首词的格调和意蕴都升华到了一个崭新的高度。细想来人世间所有的感情都是如此。距离产生美，真正美好的可能不是见面的刹那，而是见面之前的等待和期盼。这首词借牛郎织女的传说，看起来只是写爱情，其实升华到了人类感情共通的一个点，超越了爱情，写的是人类共有的情感，写的是人性。这也是这首词得以流传千古的一个很重要的原因。

世上多少事，期待，也许比实现更美好。

真正的高贵绝不是降志取荣

中国历史上，父子共同有所成就，或子承父业并将之发扬光大的都不罕见，仅从文学论，就有三曹、三苏等。但是晏殊、晏几道这对父子词人，却根本就是两路人，性格脾气迥然。晏殊官至宰相，而他的儿子晏几道，却一生无心仕途，任你风雨飘摇，他只管做他的逍遥词人。晏殊颇有治理国家的才华，而且为人刚简，待人以诚。为官期间，谨慎周全，皇上每次向晏殊询问国事，都采用方寸小字把所咨询的内容写在小纸片上给他。晏殊则每次把自己的回答和建议写好后，连同那个小纸片一起回呈给皇上。他这种严谨的作风很受几代皇帝的赏识。也许他本就不是疏狂之人，而即便疏狂，也从未表现出来，所以晏殊在词作中的情，大都是从情境中跳脱出来，变成一种"客观"的抒情。他在作品中投入的感情内敛、谨慎、客观，这也是他生活的背景所决定的。

晏几道是晏殊的第七个儿子，字叔原，号小山。他出生时晏殊四十七岁，官居相位，仕途正如日中天。这最小的孩子晏几道，自然是集万千宠爱于一身的。晏几道完美地继承了父亲晏殊的文学基因，自小能写诗文，也像父亲一样，在十四岁时参加科考并金榜题名。可想而知，这个官二代当时有着怎样美妙的生活。"金鞭美少年，去跃青骢马。"是他纵横诗酒、乐享奢华的生活写照。

只是好景不长，晏殊六十四岁时因病离世，十七岁的晏几道不得不适应清贫的生活。后有人上奏说晏殊曾经的作品讽刺新政，加之他的朋友郑侠因反对王安石变法被治罪，晏小山被牵连入狱，出狱时已三十六岁，经历种种磨难，遍尝人情冷暖。晏小山曾奢望父亲提携过的韩维能帮自己解决困境，但没想到，换来的不是雪中送炭，而是冷嘲热讽。而偏偏小山是有傲骨的，孤傲如他，何曾为求人而降低过自己的品格？他不愿降志取荣，不仅当时面对韩维是这样，此后余生，小山都是如此。

晏小山生活的年代，正当蔡京位高权重，对上阿谀奉承，对下作威作福的时候。身处高位的蔡京想树立自己的威望，让读书人为自己写点文章歌功颂德，传扬后世。于是蔡京在大观元年的重阳节派亲信到了晏府，向小山"求长短句"，就是写诗词。谁都看得懂，蔡京这是想倚重晏小山的文名来夸夸自己。晏小山写好词差人带给蔡京。词写得很漂亮，其中两句"九日悲秋不到心，凤城歌管有新音"，蔡京看了很不高兴，全词不但没有提他蔡京半个字，而且还大肆渲染蔡某人在重阳节大摆筵席、歌舞享乐的奢靡之态，颇有一番讽刺之味。自然，小山得罪了蔡京。但这就是晏小山的风骨。

此后，小山还写过"兰佩紫，菊簪黄，殷勤理旧狂"的句子，他很高兴把以前这些疏狂的作品整理出来，丝毫不为自己的选择后悔，"欲将沉醉换悲凉，清歌莫断肠"。小山婉约词的背后是真情正气。从苏轼、黄庭坚、秦观到晏小山，他们身上都有一脉相承的东西，那就是中国知识分子的"风骨"。这番风骨，在千年历史长卷中，标识了中国知识分子品性风采的高度，正是这番风骨，成就了中华五千年文脉不绝。

老实人晏殊

晏殊小时候非常聪明,以"神童"身份参加科举考试,并一路过关斩将到了殿试,上殿时才十四岁,晏殊小小年纪,在众目睽睽之下,气定神闲,举止有度。题目下发之后,晏殊主动起身,说:"臣十日前已作此赋,乞别命题。"什么意思啊?原来晏殊上奏说这个考题之前自己已经写过了,所以请求皇上给他换个题目。真是太实诚了!换了别人,押中高考题,那还不心中暗喜,大呼好运啊!而晏殊竟然让考官重新出题,可见晏殊是真诚实。于是,宋真宗单独命题,让晏殊来写。晏殊毫无迟疑,一挥而就,文章写得既快又好,群臣赞叹不已,宋真宗更是高兴,当场赐晏殊同进士出身,到秘书省(国家史馆)任职。一个官员,如果能够有一说一，对上不隐瞒，对下不欺骗，自然能够成为一个勤政爱民的好官，成为忠心不二的好下属，真宗自然喜欢。

而纵观晏殊的一生，"真诚老实"四个字的评价应也并不为过。据说晏殊生来是方面大耳国字脸，看起来就是富贵之相，是要做大官的。

晏殊做了官以后，他的同僚士大夫们经常要搞点娱乐活动，饮宴游乐是常有的。而晏殊却很少参加这类聚会，一方面因为当时他的经济条件一般，毕竟刚做官，虽然有了一份稳定的俸禄，但没有多余的钱去娱乐挥霍；另一方面他把时间都用在读书学习、勤奋工作上了，无暇顾及那些吃喝玩乐之事。有一天，皇上要给自己的儿子选个讲课的老师，朝臣们纷纷举荐，皇上打断，别议了，就晏殊吧。大家都觉得奇怪，晏殊年纪还轻，就算学识不错，也谈不上多丰富的经验和阅历，为什么选他呢？皇上自己解释了：我知道你们每天下了班就到处喝酒寻欢作乐，只有晏殊老老实实在读书，这个人心静，我就要这样的人来教我儿子，我不要你们来教，你们天天想着玩儿，那还不得把我儿子教坏了呀！这么好的差事落到眼前，别人都艳羡不已，还不赶紧谢恩？可你们知道晏殊怎么回答皇上的吗？晏殊说，真对不住皇上，我并非是不喜欢宴饮游乐，只是因为囊中羞涩，没有钱去和他们同欢同乐罢了。晏殊的诚实坦荡再次博得了皇帝的赞赏，深感这是一个可堪大用的人才。

《浣溪沙·一曲新词酒一杯》:冷静的情感表达

浣溪沙·一曲新词酒一杯

宋·晏殊

一曲新词酒一杯,去年天气旧亭台。

夕阳西下几时回?

无可奈何花落去,似曾相识燕归来。

小园香径独徘徊。

  这首《浣溪沙·一曲新词酒一杯》是晏殊的代表作,写的是惜春伤春,也有年华飞逝的感伤。

  "一曲新词酒一杯"填好一阕词,喝下一杯酒。思绪飘逸,想到"去年天气旧亭台",眼前的场景和去年一模一样。自然有了"年年花相似,岁岁人不同"的物是人非之意。

  "夕阳西下几时回?"太阳落下去了,什么时候能回来?科学地讲,太阳十二个小时以后就回来了,但是哲学地讲，回来的太阳还是昨天的太阳吗？只怕已经不同了。一日复一日，逝去的光阴就不会再来了，永不回头。

"无可奈何花落去，似曾相识燕归来。"归来的燕子似乎是去年的"旧相识"，但词人的心情却是"无可奈何花落去"。面对花谢花开，人是"无可奈何"的，这种伤春之情，很多词人写过，借景而起，一抒感慨，比如柳永笔下的"望极春愁，黯黯生天际，草色烟光残照里，无言谁会凭阑意"，之后借景说"拟把疏狂图一醉，对酒当歌，强乐还无味"，这是多么强烈的情感表达！再如李煜，上句写"春花秋月何时了"，下句立马接出"往事知多少"。而这种外露的情感表达，在晏殊的作品中是很少见的，这首词作中广为传唱的句子，便多了一分含蓄，少了一分深情。

这份含蓄又延续下来，就有了最后一句"小园香径独徘徊"，一个人在满是花香的小路上踱来踱去，不知道晏殊在想什么心事。整首词从词人喝酒写词入手，视角逐步放大到亭台、夕阳，再落回眼前的落花归燕。视角的收放，也是感情的收放，一放一收之间，含蓄温婉，若即若离。晏殊一生，当是隐藏了不少不为人知的心事，这是藏在任何人都无从触及的心底吧。

《蝶恋花·槛菊愁烟兰泣露》：古今境界第一层

蝶恋花·槛菊愁烟兰泣露

宋·晏殊

槛菊愁烟兰泣露，

罗幕轻寒，燕子双飞去。

明月不谙离恨苦，斜光到晓穿朱户。

昨夜西风凋碧树，

独上高楼，望尽天涯路。

欲寄彩笺兼尺素，山长水阔知何处？

晏殊对待人间事，是很理性的，这与寻常所见感情炽烈的诗人词人很不一样。诗人往往感性，会全情投入，奋不顾身，近乎飞蛾扑火，但晏殊的理性，让他熨贴地周旋于官场。这首《蝶恋花》是在诉说感情，但经晏殊写来，总觉得他是在代别人诉说，而把自己抽离出去，有一种旁观者的理性。柳永、李煜,乃至晏殊的儿子晏几道的作品中常见的离愁,都有刻骨铭心的切肤之痛,而这在晏殊的作品里极少见。

这首《蝶恋花》是典型的婉约词,开篇先写环境,"槛菊愁烟兰泣露",秋天的早晨,菊花上薄雾笼罩,兰花带着露珠,好像一个女子在默默哭泣。这句写得非常好,有代入感,用拟人手法,借兰花和菊花写出了女主人公的相思愁绪。

"罗幕轻寒,燕子双飞去","双飞"二字把所愁的事情隐隐地表现出来:你看燕子都是成双成对的,自己却一个人,心里就不太好受了。前面没讲为什么愁,为什么泣,到这里说燕子双飞去,把前面"愁"和"泣"的原因说出来了。"罗幕轻寒"是说丝绸做的帷幕笼罩着一股清寒,透出一种淡淡的忧伤。

"明月不谙离恨苦,斜光到晓穿朱户",这句就是非常典型的晏殊的句子,词人把自己抽离出来,是一种理性、近乎客观的陈述:天上的月亮是不懂得人们心中离别恨苦的,清澈的月光洒在这孤寂的闺房,一直映照到天亮。说明闺中女子也是彻夜未眠。

"昨夜西风凋碧树,独上高楼,望尽天涯路。"这一句正是王国维先生所说的古今成大事业、大学问者的第一重境界。昨天晚上刮了西北风,风吹天寒,把树叶都吹落下来,绿树都显得衰败了。在这样一番萧瑟的场景当中,独自登上高楼,放眼望去,恨不能把通往天涯的路都看完了,也许能看到自己思念的人从天涯尽头回来吧。独上高楼,是因为站得高才看得远。景色萧瑟凋零,望"尽"天涯路,明显语带惆怅,但是没有一丝的消极,反而有一种悲慨的情怀。王国维先生引用这句话的意思是:要成就一番了不起的事业和学问，你首先要有足够开阔的眼界，登上高楼，看到来源和去路，不然，你就只能处在一块小小的空间当中，自以为了不起，其实不过是虚度光阴。我们说一个人要有"格局"，格局就是一种宏观的眼光、开阔的眼界，知道自己在历史传承中处在什么样的位置。同时，站得高才能望得远，宏观的眼光和格局也让我们有可能超越身边的人，站上更大的舞台。

最后一句"欲寄彩笺兼尺素，山长水阔知何处"，"彩笺"指的是题诗用的诗笺；"尺素"是古人写信用的一尺来长的素绢。"彩笺"和"尺素"都代指书信。"山长水阔"就是我们现在所说的跋山涉水，很远的距离；"知何处"，不知道人在何处。想把自己的思念之情写信告诉你，可都不知该把信寄往何处，山水迢迢，我思念的人又在哪里？

这首词落笔在相思和离愁，但其中宕开一笔，"独上高楼，望尽天涯路"，别开生面，另有一番壮怀气象，把整首词提升到了全新的高度。

《蝶恋花·醉别西楼醒不记》：聚散都容易

蝶恋花·醉别西楼醒不记

宋 · 晏几道

醉别西楼醒不记，

春梦秋云，聚散真容易。

斜月半窗还少睡，画屏闲展吴山翠。

衣上酒痕诗里字，

点点行行，总是凄凉意。

红烛自怜无好计，夜寒空替人垂泪。

我十几岁时读小山的词，并不喜欢——其实是不能体悟。直到慢慢长大，经历过一些事，尤其是经历过人世别离，不论是和亲人、和岁月、和朋友，还是和自己曾经成长的经历别离之后，再读小山词，个中滋味才如涓涓细流渗透心底。少年读诗词，也许正是种下一颗种子，

你不知道这颗种子什么时候发芽，但它总有发芽开花的一天。小山的词没法像杜甫、苏东坡那样去讲写作的背景，他是在词里抒发人们所共通的感情，与时代无关，与家国命运无关，只与个人内心的感受和情怀有关。

"醉别西楼醒不记"，"西楼"是喝酒的地方，"醒不记"，醒来时已经不记得了，这和柳永"今宵酒醒何处"，和李煜"梦里不知身是客，一晌贪欢"有相通之处。"春梦秋云"，春天的时候思绪纷乱、万物滋长，夜里多梦；秋日云淡风轻，秋高气爽。不论"春梦"还是"秋云"，都是非常美好，却又非常虚幻、短暂的。"聚散真容易"，这句话异常沉痛，但不容易理解。什么叫"聚散真容易"？要聚在一起很容易，多少人都爱热闹、爱扎堆，但与之相对，散也很容易，"聚散"偏义于"散"，与上句"醉别"相应，再缀以"真容易"三字，好景轻易便散的感慨非常强烈。"真容易"三个字大有面对命运，面对不可抗力的无奈和无助。那些我们习以为常的人和事，也许就在某个轻巧的离别后，再也无从相聚了。

"斜月半窗还少睡，画屏闲展吴山翠。"前面的感情到这里余波未尽，看似是一句闲笔在写景，但景色中所蕴含的感情却余音袅袅、萦绕不绝。"吴山翠"是指屏风上画的江南山水，斜斜的月光照进来，看着画屏难以入眠，词人心中所想的不是斜月和吴山，而是那些可能都已不太记得起来的美好岁月。

上阕写离别，下阕写之前的聚会，这样的写法也很特别，我们一般都是先写聚再写散，把感情留到最后。小山这首词却把散写到前头，然后在离散的氛围、悲伤的情绪里，去回味之前聚会的场景，这就让聚会变得更加意味深长，因为我们已经知道结局是散，再看之前的欢乐，欢乐就蒙上了一层阴影，欢乐的背后就有更深一层的含义——早晚是要散的，也就更凸显了那句看似不经意的"聚散真容易"。

下阕的聚是什么样的呢？"衣上酒痕诗里字，点点行行，总是凄凉意。"这句承接上面所说的"醉别西楼"，聚会的时候都在饮酒。"诗里字"是说在宴席上大家还即兴吟诗作对，这些词句怎么样呢？"点点行行，总是凄凉意"，为何在欢乐的场景中都是凄凉意呢？其实这里有一个时空的转换，词人说的"凄凉意"不在当时而在离别之后，离别以后再来看这些词句，"点点行行，总是凄凉意"。当时的聚会越欢乐，事后的分别就越痛苦，越觉得凄凉，因为当你回忆的时候，人已不在眼前，美好的场景已经过去，留给你的只是寂寞孤清的当下。之前热闹繁华的词句更映衬出眼下的寂寞孤独。而这种"凄凉意"是你身在欢乐当中感受不到的，一旦分别以后，情绪却更为浓烈。

"红烛自怜无好计，夜寒空替人垂泪。"最后两句是承接上面的"凄凉意"，继续加以渲染，蜡烛的意象在诗词中很常见，比如"蜡炬成灰泪始干"，在多情的诗人看来，蜡烛慢慢融化，就像人的泪滴一样。这句里的"自怜"是说蜡烛同情自己，其实也在同情词人，孤独凄凉却无计可施，只能哀婉自怜，独自垂泪。蜡烛燃烧是替人垂泪，词人心里又何尝不是潸然泪下呢？

这首词，从结构、写法，到意境的铺陈，都是非常典型的小山作品。

阮郎归·天边金掌露成霜

宋·晏几道

天边金掌露成霜,云随雁字长。

绿杯红袖趁重阳,人情似故乡。

兰佩紫,菊簪黄,殷勤理旧狂。

欲将沉醉换悲凉,清歌莫断肠!

《阮郎归·天边金掌露成霜》：不后悔

　　晏几道是率真而又风流的贵公子,年轻时酒筵歌席不断,父亲离世后,家道中落,饱尝人间冷暖,词作也逐渐由率真走向深沉。这首《阮郎归》就是典型代表。

　　"天边金掌露成霜"是说到了这个时候天已经冷了,秋冬之际,露水化成了霜。"金掌"是个典故,汉武帝时在长安建章宫筑柏梁台,上有铜制仙人以手掌托盘,承接露水。据说用这露水炼仙丹,吃了便可长生不老。所以诗词中的"铜仙人""金掌"都是用的这个典故。此处以"金掌"借指国都，即汴京。此时汴京已入深秋。"云随雁字长"是在描写秋季天空的景象，天高云阔，大雁南飞，一会儿排一个"一"字，一会儿排一个"人"字，"雁字"是大雁在天空所排出来的形状。"云随雁字长"是说云影似乎也随着大雁飞过的踪迹延长了。

"绿杯红袖趁重阳，人情似故乡"，"绿杯"指装酒的杯子，"红袖"是指轻歌曼舞的美人。重阳佳节的时候，对着佳人举杯而饮，当地的习俗有如自己的故乡。秋雁南飞，主人情长，引发思乡之情，正所谓"独在异乡为异客，每逢佳节倍思亲"。而这里的"故乡"不仅仅是自己的家乡，还指词人心中的故乡、精神故乡，小山经历半世流离，读懂了世情百态，回归到自己内心的故乡。

"兰佩紫，菊簪黄"，这都是诗词当中常见的倒装结构，正确语序应该是佩紫兰、簪黄菊，就是佩戴紫色的兰花，头上插着黄色的菊花。"殷勤理旧狂"，"旧狂"是旧日的狂放，"理"有一点梳理的意思。很多词评家认为这一句其实是在写上面重阳佳节轻歌曼舞的景象。我倒觉得，这是词人对自己旧日疏狂的一份抒怀，也是在言志，他没有否定自己旧日的狂放，是很难能可贵的。唐朝现实主义诗人杜甫曾有诗云"会当凌绝顶，一览众山小"，这就是年轻时的疏狂，但是这种疏狂在他后来的作品中就看不到了。而小山很坚定，很"殷勤"地整理旧日的疏狂。他很笃定，他不后悔。这一点能够与晏小山媲美的，大概要属刘禹锡了，"前度刘郎今又来"和"殷勤理旧狂"有异曲同工之妙。

"欲将沉醉换悲凉，清歌莫断肠"，这句和李煜的"醉乡路稳宜频到，此外不堪行"很相似，想想过去的事情，内心无限感慨，所以干脆喝个酩酊大醉。很多人读到这句会觉得词人的处境是非常悲凉的，实际上好像也确实如此，但词人真正要表现的并不是"此外不堪行"（李煜词句）的无奈，而是"清歌莫断肠"的无所谓。"莫断肠"的意思就是不要搞得这么悲悲惨惨戚戚，日子还是非常美好，这是我自己的选择，我乐在其中。这样的话是在给自己鼓劲，不是为了叛逆而叛逆，不是为了狂放而狂放，而是自己本身就是一个这样的人，自然会有这样的表现，自然会如此狂放不羁。终其一生，小山虽然才华横溢，但现实处境并不太好，但难能可贵的是，他到老来一点都没有后悔自己当初的选择。

选择什么固然重要，能不后悔，才算对得起自己，对得起一生。到老来还能"殷勤理旧狂"的人，无疑是幸福的。悲凉又如何呢？醉过就不觉悲凉；哀伤的清歌又如何呢？初心不改就不觉哀伤。此生无悔，便是人生最好的风光。

是才女，亦豪情

我对易安居士的兴趣和了解，源自于初中时一位语文老师卢老师。卢老师的普通话不太标准，个头也不高，总是蹬着一双超高的高跟鞋。那时我们男生调皮，常常趁卢老师走到教室后面的时候，弯腰拿尺去量她的高跟鞋，整整 11 厘米！正是这位卢老师，在给我们讲李清照的时候，瘦小的身体里爆发出足以震慑住我们全班同学的气场，好几次，在全班同学不知所措的静默中，卢老师边讲边抹眼泪。我至今仍记得其中几句，虽然只是只言片语：

"这个世界对女生是真的不太友好，不很公平的。"

"李清照怎么会有这样一个丈夫！我都替她难过！"

"李清照比大部分男人更像个男子汉！"

刚上初中的我们，还不太能听得懂这些话。

感受到易安居士的心情,是某次随手翻书:"至今思项羽,不肯过江东。"似乎只是平平的一句慨叹,借古讽今地指摘当局溃退南逃,我却突然停住了:这样的句子,竟然是一个女子的手笔!亲手葬送家国的李煜怎么不曾写出来过呢?他只是一味感慨"春花秋月何时了",何曾有过"不肯过江东"的痛悔自责?想到这一层,突然对易安居士起了好奇:这究竟是一个怎样的女子?

她才华横溢,推动了两宋词坛的发展,有千古第一才女的美誉;她家道中落,父亲黯然离开官场,绝情的公公却不肯施以援手;她遇人不淑,自己空怀一腔豪情,不想丈夫竟在国难当头时临阵脱逃;她历经困顿,一个人带着金石字画古玩在战乱中辗转流离,已难以分清,付出这样的代价,究竟是因为对金石的爱还是对丈夫的爱。

她心里苦啊,"物是人非事事休,欲语泪先流"。她曾是集万千宠爱于一身的大家闺秀,她曾写出"九万里风鹏正举"这样豪情满怀的句子,她曾对人世怀有怎样高远灿烂的期待!

可这一世的风雨"怎一个愁字了得"!在那些独自守着窗儿,看梧桐更兼细雨,点点滴滴到黎明的夜里,她会想到自己的父亲和丈夫么?她会念及沉醉不知归路的少女时代么?一定会的吧。

可她竟仍敢爱敢恨。她再婚、离婚,几乎以一腔孤勇面对舆论汹汹。她怕吗?也许怕过吧,但她终于没有被舆论压倒。

就是这样一个弱女子,为我们留下了那些千古传诵的诗词名篇,就是这样一个弱女子,心系家,也情牵国!

《渔家傲·天接云涛连晓雾》：男子气概的女词人

渔家傲·天接云涛连晓雾

宋·李清照

天接云涛连晓雾，星河欲转千帆舞。

仿佛梦魂归帝所。

闻天语，殷勤问我归何处。

我报路长嗟日暮，学诗谩有惊人句。

九万里风鹏正举。

风休住，蓬舟吹取三山去！

易安居士李清照被誉为"北宋第一大才女"，语文课本里介绍李清照时，说她是婉约派的代表词人，一说婉约派，似乎她写的就该是些花好月圆、你侬我侬的内容，这可能是种"刻板印象"，李清照在婉约的词风背后，是颇有一些豪迈的男子气概的。这首《渔家傲·天接云

涛连晓雾》写得就很豪迈,在八年级语文课本中被选用。

"天接云涛连晓雾",一看就是写景色,通过景色来入手,这是词作中经常看到的一个写法,"晓雾"是一大早的雾气,"天接云涛"是写天空的云层层叠叠,就像是白色的浪涛。

"星河欲转千帆舞","星河"指银河;"千帆"指很多的船;而"转""舞"两字,则将词人在风浪颠簸中的感受逼真地传递给读者。所谓"星河欲转",是写词人从颠簸的船舱中仰望天空,天上的银河似乎也在旋转。"千帆舞",则写海上刮起了大风,海浪一个接着一个,无数的舟船在风浪中飞舞前进。

"仿佛梦魂归帝所。闻天语,殷勤问我归何处",就好像是灵魂飘飘悠悠要升到天上去,听到天帝在跟我说话,很关心地问我要到哪里去。"帝"是天帝、玉皇大帝。当时的朝廷置人民于水火、只顾自己一路奔逃。李清照自南渡以来,一路飘泊,备受磨难。这种遭遇,让词人渴望关怀,渴望温暖,但现实中不能得到,也只能寄托于幻想之中了。因此,词人以浪漫主义的手法,塑造了态度温和、关心人民疾苦的天帝,以此表达自己美好的愿望。

"我报路长嗟日暮,学诗谩有惊人句",屈原《离骚》有云:"欲少留此灵琐兮,日忽忽其将暮……路漫漫其修远兮,吾将上下而求索",用神话的语言来表达自己不惮长途远征,寻觅天帝所在的渴望。"路长日暮"化用"日忽忽其将暮",而其意则落在"上下求索"上,李清照借此表达自己在人生道路上日暮途远,茫然不知所措。一"嗟"字,生动表现了词人的忧虑彷徨。后句紧接前句,"学诗谩有惊人句"。"谩有"是"空有"的意思。词人接着向天帝发出慨叹,自己空有才华而不能为世所用,遭逢不幸却又无能为力。其中一"谩"字流露出对现实的不满。词人在现实中知音难遇，欲诉无门，唯有通过这种幻想的形式，尽情地抒发胸中的愤懑。李清照从小就跟着为官的父亲李格非学写诗词，所以她的诗词功底是从小积累起来的，在长期创作过程中总能写出一些很不错的词句，所以说是"惊人句"。

"九万里风鹏正举。"长空九万里，大鹏鸟正借着风展翅高飞，这句词中壮志豪情的感觉就表现出来了。"九万里"是说天空广阔高远，"鹏"是天上飞的大鹏鸟，这里有一种象征的含义，就是前途无限美好，可以成就更好的事业。

"风休住，蓬舟吹取三山去！"风不要停，继续把我这一叶轻舟吹到蓬莱仙山上去吧。"休"是不要，"蓬舟"是像蓬草一样轻快的小舟，"三山"是说三座仙山，《史记》中提到，渤海中有蓬莱、瀛洲、方丈三座仙山，传说有仙人居住。其中最有名的就是蓬莱山。飘零无依的女词人渴望借助万里鹏风把自己带到仙山之上，可以过自由自在的生活。此中豪情可见一斑。而这仙山，其实也是易安居士的理想与精神寄托之所在。

此词写梦中海天溟蒙的景象以及与天帝的问答，隐寓词人对社会现实的不满与失望，对理想境界的追求和向往。整首词景象壮阔雄伟，气势磅礴阔达，音调高昂豪迈，中国传统社会的女性能有这样的雄心壮志和这样的追求是非常难得的。易安居士的豪情和男子气概，颇值得我们细细品味。

《夏日绝句》：英雄不再 难慷慨

夏日绝句

宋·李清照

生当作人杰，

死亦为鬼雄。

至今思项羽，

不肯过江东。

这首《夏日绝句》被选入小学四年级语文课本中。易安居士的男子气概，在这首《夏日绝句》里有明显的体现。

"生当作人杰，死亦为鬼雄"，开头这两句破空而起，先声夺人，将那种生死都无愧为英雄豪杰的气魄展现在读者面前，让人肃然起敬。活着的时候要做人中豪杰，就算死了也要做鬼中的英雄。这是置生死于度外的豪迈气概，而这种豪情，只怕是很多男子都没有的，更别说近千年之前宋代的一个柔弱女子了，真的很不简单。"人杰"是用典,汉高祖刘邦在夺得天下以后,对开国功臣张良、萧何、韩信赞誉有加,他说"此三者,皆人杰也",称他们都是人中豪杰。"鬼雄"也有典故,屈原在《国殇》中提到:"身既死兮神以灵,魂魄毅兮为鬼雄",意思是说即使这些楚国的战士献身沙场,神也会赋予他们灵魂,让他们成为鬼中的英雄。"人杰""鬼雄"正好形成对仗,人中豪杰,鬼中英雄。

"至今思项羽,不肯过江东。",李清照追思一代枭雄楚霸王,追念项羽的精神和气节,痛恨宋朝当权者的苟且偷安。想起了项羽当年不肯过江东的事。秦朝末年,天下群雄并起,项羽带江东子弟起兵,成为西楚霸王,最后却功败垂成,被刘邦打败,只带着八百勇士杀出重围,最后战败自杀。据说最后一战之前,乌江亭长驾船要帮他渡过乌江回到江东楚地,但生来骄傲的楚霸王觉得自己葬送了那么多江东好男儿,无颜再见江东父老,于是在乌江自刎而亡。"不肯过江东"说的就是这件事情。

为什么李清照"至今"会想起这件事情?因为当时正逢靖康之难,靖康二年(1127年)金兵入侵中原,把宋徽宗、宋钦宗都俘虏到了东北,赵宋王朝被迫南逃,最后在杭州建立了临时都城,名为"临安",临时安稳。在金国大军入侵过程中,北宋军队一路溃退,丢盔卸甲仓皇而逃,完全不顾百姓死活。李清照非常看不上他们这种做法,怎么就没有人能有项羽当年"不肯过江东"的气概呢!在李清照看来,真正的"人杰""鬼雄",理当和敌人拼到最后一刻。

从这首诗中不难读出易安居士的满腔愤懑,也显示了她的凛然正气,全诗借古讽今,借着歌颂楚霸王的英雄气魄来讽刺宋朝当权者不思进取、苟且偷生。同时也有对丈夫赵明诚在兵变中处置不当临阵脱逃的不满。

1129年，李清照的丈夫赵明诚任江宁知府（相当于南京市的市长）期间，手下的御营统治官王亦图谋叛乱，赵明诚非但不加防御，反而在得到消息的当晚，带着两个手下弃城而逃，置全城百姓的安危于不顾！史书记载了他逃跑的细节：腰里系根绳子，从城墙上坠落下去逃跑的，唉，逃跑都这么狼狈，真替他害臊。妻子李清照尚且满腔豪情，他堂堂一个七尺男儿，别说光复北疆了，连手下造反，他竟然都没有抵抗，还用了这么为人不齿的方式逃跑。后来这个叛乱很快被平定了，赵明诚自然被革了职。这件事成为赵明诚一生难以洗刷的污点。很难想象李清照当时的心情，面对懦弱的朝廷，她气愤讥讽，但这一次是自己的丈夫，不仅是她的依靠，也是她的爱人，李清照还能说什么？整个大宋朝廷都在对金国忍辱退让，官员丧失斗志和气节，李清照一介女流，又能如何评说自己的丈夫呢？这种心情当然是很矛盾的。

我们知道，唐朝诗人杜牧也在《题乌江亭》一诗中写过项羽，"胜败兵家事不期，包羞忍耻是男儿。江东子弟多才俊，卷土重来未可知。"杜牧认为项羽心胸不够宽大，胜败乃兵家常事，虽然这次败了，还可以选择重新回到江东，起兵再战。

这两首诗都是描写项羽于乌江边自刎的，却给出了两个完全不同的观点。项羽该不该回到江东？每个人心里应该都有自己的答案吧。

《醉花阴·薄雾浓云愁永昼》：思念之情溢于言表

醉花阴·薄雾浓云愁永昼

宋·李清照

薄雾浓云愁永昼，瑞脑消金兽。

佳节又重阳，玉枕纱橱，半夜凉初透。

东篱把酒黄昏后，有暗香盈袖。

莫道不销魂，帘卷西风，人比黄花瘦。

这首《醉花阴·薄雾浓云愁永昼》是李清照的传世名作，抒发的是重阳节对丈夫的思念之情。

"薄雾浓云愁永昼"，这一天从早到晚，天空都布满着"薄雾浓云"，有一种很压抑的感觉，第一句通过写景奠定了一个阴郁的基调。"昼"是白天，"永昼"是说漫长的白天，"愁永昼"就是说自己内心的离愁别绪无处排遣，所以觉得时间过得慢，觉得这日子太难熬，度日如年啊。"瑞脑消金兽"，香炉里的熏香已经快点完了。"瑞脑"是一种熏香，"金兽"则是指有瑞兽雕头的铜制香炉。愁云笼罩,回到闺房,看熏香在香炉里烧尽,时间就这么一点点过去,百无聊赖。

"佳节又重阳,玉枕纱橱,半夜凉初透",遇到过节,思乡之情或者思念亲人的感情自然会更加浓厚,"玉枕"就是玉做的枕头。古人在长方形木架子上罩上纱罗以避蚊蝇,称为"纱橱"。重阳时节天已微寒,纱帐也抵不住夜晚的凉意。新婚才两年,丈夫就不在身边,又逢重阳佳节,只有玉枕纱帐陪伴自己,这些都表达了作者的孤寂之感和对丈夫的思念之情。

"东篱把酒黄昏后,有暗香盈袖",黄昏时分,自己一人在东篱下饮酒赏菊,淡淡的菊花香气不时飘过来。"东篱"是用了陶渊明的句子:"采菊东篱下,悠然见南山",此句被后世诗人词人无数次地引用。"暗香"通常指梅花,这里指菊花的香气。"有暗香盈袖"一句化用了《古诗十九首》中的"馨香盈怀袖,路远莫致之",意思是这时候的菊花开得正好,本来可以和你一起赏菊,却无奈天各一方,这里其实也是暗写她无法排遣对丈夫的思念。

"莫道不销魂,帘卷西风,人比黄花瘦",瑟瑟秋风吹过,把房间的帘子都吹了起来,让人感到阵阵寒意,看到东篱下的菊花,再过几日就要凋零了,感觉帘内赏花的人比那黄花还要消瘦。"销魂"是说极度忧愁,"黯然销魂者唯别而已",真正让人黯然销魂的事情就是和心爱的人分别。所以正是因为这种相思、这种想念,让人茶饭不思,辗转难眠,日渐消瘦。把人的消瘦与即将凋零的菊花并列,实在惹人哀怜疼惜。

从字面上来看,整首词没有写离别之苦、相思之情,而是通过景色、环境和闺中境况来渲染:从天气到瑞脑金兽、玉枕纱橱、帘外菊花，无不涂上一层愁苦的感情色彩。"帘卷西风"为"人比黄花瘦"作环境气氛的渲染，有了时令与气氛的烘托，这句也成为全篇最精彩之笔。

关于这首词，还有一个非常有名的小故事。

李清照和赵明诚之间有美好的爱情，还有共同的志趣爱好。结婚后不久，赵明诚外出求学，李清照独自在家。两个相爱的人一直见不着面，离愁别绪涌上心头，李清照就写诗写词来排遣，写完就寄给赵明诚。有一次，赵明诚读到李清照寄来的这首《醉花阴》以后，赞叹不已，读着读着，就起了好胜之心，想跟自己的老婆比试比试。于是闭门谢客，三天三夜废寝忘食地写了五十首和词，但是究竟哪一首能超过李清照的原作，他也难以判断。于是就把李清照的《醉花阴》誊抄了一遍，和自己的五十首作品放在一起，请一位懂诗词的朋友陆德夫过来品评。陆德夫一一读完，也不吝溢美之词，赵明诚满心期待，正等着好朋友给自己点赞呢，哪知陆德夫沉吟再三后，突然两眼放光地说道："所有词中有三句甚好。"赵明诚忙追问是哪三句，陆德夫答道，乃是"莫道不销魂，帘卷西风，人比黄花瘦"。而这三句正是出自李清照的《醉花阴》。闹了半天，赵明诚写了五十首，愣是没一句能比得过李清照啊。从此以后，赵明诚对李清照的才华更加钦佩，再不敢和自己的老婆在词作上比高下了。

李清照

伉俪情深,还是终被辜负?

我一直记得,初中的时候,教我语文的卢老师讲到李清照的身世,尤其李清照和赵明诚的爱情故事时,在课堂上热泪盈眶的样子。李清照一生坎坷,而她的爱情尤为波折。

李赵二人的爱情缘于一次美好的邂逅。一日,赵明诚与李清照从兄李迥外出游玩,在大相国寺赏花灯时与李清照相识。赵明诚早就读过李清照的诗词,本就倾慕已久,此时一见,顿生爱慕之意。可是在那个"父母之命,媒妁之言"的社会,赵明诚也不能直说啊。据史书记载,赵明诚为了让父亲去李家提亲,特意编了一个梦，说梦里看了一本书，书中有这样三句话："言与司合，安上已脱，芝芙草拔"。请父亲大人给分析一下是什么意思。他的父亲赵挺之一听，就知道自己儿子爱上某个女子了，"言与司合"就是"词"，"安上已脱"就是"女"，"芝芙草拔"就是"之夫"，这三句话的意思就是"词女之夫"了，果然姜还是老的辣，一听就明白了。在当时能够入了赵明诚的法眼，同时又能够让赵挺之看中的真正有才气的词女，在官宦的子女里面也就只有李清照了。赵挺之便派人去向李清照的父亲李格非提亲。李格非当时已经升任吏部员外郎，而赵挺之已是吏部侍郎，同为山东老乡。李清照赵明诚二人又都年少有名（赵明诚当时在金石收藏界已小有名气），两家一商定，婚事就这样成了，这桩婚姻在当时可以说是门当户对，天作之合。

两人婚后相敬如宾，琴瑟和鸣。那年春天，赵明诚从小贩那里买了一支桃花给爱妻，李清照插在头上，问赵明诚是花好看还是人好看。赵明诚看着淡扫蛾眉，比桃花还娇艳的娇妻，笑呵呵道："自然是夫人好看。"李清照即兴写下"卖花担上，买得一枝春欲放。泪染轻匀。犹带彤霞晓露痕。怕郎猜道。奴面不如花面好。云鬓斜簪。徒要教郎比并看。"李清照这首词很快就传遍街头巷尾，引得众多单身男女羡慕不已。

因赵明诚擅长金石学，所以后人也把李赵二人的姻缘称为"金石良缘"。受赵明诚的影响，李清照也对金石学产生了浓厚的兴趣，他们几乎把全部的精力都投放在金石、字画和古玩上。每得一本奇书，便共同勘校，整理题签，得搭配书画器物，便仔细把玩，互相给予评价。俩人还经常坐在房间里煮一壶茶，玩"赌书泼茶"的游戏，就是一个人随口说出某本书里的某一句话，要对方说出这句话在哪本书的第几页、第几行。读书若没读到烂熟于心的境界，这样的游戏肯定是玩不起来的。答对者就能喝茶，答错者就没茶喝，两个人游戏中难免有背错耍赖的时候，在嬉笑打闹中就把茶水给泼洒了出来，这就是"赌书泼茶"。后来清朝大才子纳兰性德在纪念亡妻卢氏时，有感于赵明诚与李清照夫妇的伉俪情深，写下了"赌书消得泼茶香，当时只道是寻常"的千古名句。

那时赵明诚在太学读书，每个月只有初一和十五才能回家。每次回家前，赵明诚都会淘些金石碑帖书画和瓜果来，兴致勃勃地带回家和李清照一边吃一边欣赏。有一次赵明诚在乡下寻获一件宝贝，当天晚上便不顾路程遥远，快马加鞭拿回家。两人点着蜡烛细细赏玩，激动得整晚没有睡意。这样的快乐一般人很难懂，但他们俩的世界却因此心心相通，无法分离。然而新婚的甜蜜没有持续多久，一场政治风波席卷而来。

1103年，蔡京担任宰相，开始了一场对旧党的大规模迫害。因为两人各自的父亲赵挺之和李格非分属新旧两党，无论是在政界还是为人处事的方式上，都迥然不同。李清照的父亲李格非，是一个传统的中国读书人，很重气节，他也不认同王安石变法的一些具体做法，难与大势苟同，自然受人排挤。但赵明诚的父亲赵挺之就跟李格非很不一样了，可以说赵挺之是一个政治投机分子，他看到新党得势，就站到了新党那边。不久李格非不幸被列入元祐党人名单，这份名单相当于政府的处分通告，上了榜单的人及其亲属都要遭殃。李清照得知这个消息后心急如焚，找到公公赵挺之，希望他能替自己的父亲说说话。赵挺之此时官居高位，说话的分量很大。但让李清照没想到的是，赵挺之对此事冷漠相对。李清照不无悲愤地写道"炙手可热心可寒"。赵挺之身居高位而对亲家袖手旁观，怎能不让人寒心呢？结果李格非被贬官，李清照作为犯官家属也受到牵连，不得再居汴京城，只得离开赵明诚，只身返乡。

  年轻气盛的李清照不畏公公的强权，却不得不接受政治的残酷，这对于她的思想无疑是一次冲击。值得庆幸的是，深爱她的赵明诚并没有因双方政治、家世的变换而疏远她。然而风水轮流转，身处政治中心的赵挺之，看似呼风唤雨，可是在激烈的政治斗争中，保得了一时，又如何保得了一世呢？后来赵挺之去世，家人就遇到了他曾经政敌的报复。赵家的三个儿子被贬官，遣返回原籍。

后来赵明诚又重新被朝廷起用，可惜只做了一年的江宁知府便因在统治官王亦叛乱中的失职而罢了官。李清照深为丈夫在这件事中的临阵脱逃感到羞愧，虽然两人并无争吵，但感情却由此起了裂痕。加之两人婚后多年李清照都没有生育，赵明诚对此也心生芥蒂，传统观念里"不孝有三，无后为大"，这也给赵明诚纳妾提供了一个很合理的借口。李清照作为一个才华出众、骄傲独行的女子，又如何能心安理得欢欢喜喜地接受别的女子与自己共享一个丈夫？慢慢地，两人往昔的鱼水和谐也就一去不返了。

1129年，他们去往江西，一路上两人相对无语气氛尴尬。行至乌江，站在西楚霸王项羽兵败自刎的地方，李清照不禁浮想联翩，心潮激荡。面对浩浩江水，随口就吟出那首著名的《夏日绝句》："生当作人杰，死亦为鬼雄。至今思项羽，不肯过江东。"赵明诚站在她身后，听闻之后愧悔难当，深深自责。从此便郁郁寡欢一蹶不振，不久急病发作而亡。一段将近三十年的美满姻缘就此落幕。李清照也从此开始了她长达二十七年孤苦漂泊的生活。

《如梦令·常记溪亭日暮》：美好的少女时代

如梦令·常记溪亭日暮

宋·李清照

常记溪亭日暮，沉醉不知归路。

兴尽晚回舟，误入藕花深处。

争渡，争渡，惊起一滩鸥鹭。

这首《如梦令·常记溪亭日暮》是李清照的代表作，以李清照特有的方式表达了她少女时代的情趣和心境。

"常记溪亭日暮"，曾经记得某日傍晚时分，和小伙伴在小溪边的一个亭子里看日落景色。"溪亭"是邻着小溪的一座亭台，古时候女子生活圈子很小，所谓"养在深闺人未识"。因为难得外出游玩，所以玩得也很尽兴。"沉醉不知归路"，陶醉于傍晚美丽的景色，都不想回家了，这是借沉醉之态写景色之美。

"兴尽晚回舟，误入藕花深处"，玩得差不多了，天色已经很晚，得赶紧回去了，慌乱之中划起小船，结果"误入藕花深处"，不小心闯入了大片大片的荷花丛里。映衬了"沉醉不知归路"，由此也可以想象荷花开得很茂盛，景色很漂亮，通过人物又反过来写了景色。

"争渡，争渡，惊起一滩鸥鹭"，"争渡"的意思是怎么过去啊？"争"是北宋时的一个口语的表达，意思接近于我们现在所说的"怎么"。从藕花深处划船出来的时候，把停在水面上的水鸟都吓得飞起来了。

这首词写得非常生动，富有天然灵性，展现了一个俏皮可爱的妙龄少女在野外游玩时，与天地自然浑然一体的美好情景。词中不是流水账式地写她如何去，如何回，在外面怎么玩，只在字里行间把经过作了交代。也并没有写"我玩得多么高兴呀"之类，而只用了"常记""沉醉""兴尽""晚"几个字，就把游赏的欢快心情表现得淋漓尽致。醉归途中、误入荷塘、惊飞水鸟这几个"镜头"，写出了郊游中最难以忘怀之处，读来如临其境，如闻其声，表现出一个少女不凡的情趣和活泼开朗的性格。

李清照生于书香门第，少年时生活优裕。父亲李格非是著名的苏门后四学士，精通经史，治学严谨。母亲王氏也知书达理，腹有诗书。在那个女子无才便是德的年代，李格非对李清照的教育却非常有格局有眼光。苏门四学士中的晁补之与李格非交情很好，李格非就让女儿李清照向晁补之学诗。出身书香门第，又有名师指导，再加上天赋异禀，李清照虽然居住深闺，才华和见识却异于常人。李清照在健康自由的成长环境里，小小年纪便文采出众，后来成为"千古第一才女"也是水到渠成的事了。

《一剪梅·红藕香残玉簟秋》：才下眉头却上心头

一剪梅·红藕香残玉簟秋

宋·李清照

红藕香残玉簟秋。轻解罗裳，独上兰舟。云中谁寄锦书来？雁字回时，月满西楼。
花自飘零水自流。一种相思，两处闲愁。此情无计可消除，才下眉头，却上心头。

　　这首词写在李清照跟她的丈夫赵明诚分居的时候。他们结婚之后便是聚少离多，同时还有一个更大的背景，就是李清照的父亲遭遇了官场的不顺，在新旧党争之中蒙冤，遭受罢官返乡。李清照作为犯官家属也受到牵连，也被迫返乡，跟丈夫分离。了解这个背景以后我们就能够明白这首词不仅仅是在写男女相思之情。和丈夫的离别之情，可能只是她写这首词的一个由头，这种离别之情确实一直困扰着她，所以开心不起来，但是真正让这些词作变得特别能打动人心的东西，就绝不仅仅是浮在表面的相思之苦，它背后是有更深层的对个体生命的那种感慨，那她的感慨来源于哪里呢？一方面当然是有赵明诚的原因，其实更多的是她对自己父亲的担忧，对家族未来命运的担忧，这种东西才会引发出更深层次的感慨。

"红藕香残玉簟秋。轻解罗裳，独上兰舟。"已经到了夏末初秋时节，荷花都败了。睡在光滑如玉的竹席上，觉得有些凉了。轻轻提起绫罗裙，独自一人上了小船。"红藕"就是红色的荷花，"香残"就是香气将尽的时候，"玉簟"是说光滑如玉的竹席。这句话用多个意象为后边心情不好的表述作铺垫。

"云中谁寄锦书来"，仰望远空，云卷云舒，会有我的书信吗？"锦书"就是对书信的一种美称，讲究的书信，会把字绣在布帛之上，所以叫锦书。"雁字回时，月满西楼"，"雁字"是说大雁在天上飞时排出的形状，她盼着大雁能给她送来丈夫的回信。接下来"月满西楼"四个字把愁绪表现出来。如果单看这四个字，就是客观在写环境，一旦跟前面的句子结合在一起，整个意境就塑造出来了。皎洁的月光照在我的身上，又有谁知月下的我心里有多么愁苦？一方面思念自己的丈夫，另一方面为自己的父亲和家族的未来担忧，这种感情、这种担忧是难以用文字言述的。

"花自飘零水自流"跟"绿肥红瘦"是很相似的一个写法，她是把自己比作了花，感觉自己就像这凋谢的花一样，独自飘零。但是大自然是不会去怜惜一朵飘零的花的，这就是李清照当时处境的一个写照，很多事情是自己完全控制不了的，自己的父亲跟赵明诚的父亲在政治上有矛盾，可她又能做得了什么呢？

"一种相思,两处闲愁。"其中"闲愁"是说无端的忧愁,一直以来,对"一种相思,两处闲愁"的解释也非常之多,结合这个写作的背景,平哥觉得"一种相思,两处闲愁"这"两处"应该就是说有对丈夫的思念,还有对自己家族的担忧。

"此情无计可消除",李清照意识到自己什么都干不了,这种愁绪是没有办法消除的,最后怎么样了呢?"才下眉头,却上心头"。什么叫"下眉头",就是我不再想这个事情了,这事可以从脑子里扔掉了,可以不再眉头紧锁了,但是"却上心头",这愁绪烙到心里去,成了一个心病。不去想它是做不到的,而想它却又没有办法去解决它。

当一个问题明明存在,你却没有能力去解决的时候,就会有一种深深的无助感,那是命运完全不由自己操控的感觉,李清照的"才下眉头,却上心头"正是这样的无助。人生在世,难免会有这种孤独无助之感,大概这也是好的诗词能动人心弦的原因吧。

李清照

武陵春·风住尘香花已尽

宋·李清照

风住尘香花已尽，日晚倦梳头。

物是人非事事休，欲语泪先流。

闻说双溪春尚好，也拟泛轻舟。

只恐双溪舴艋舟，载不动许多愁。

《武陵春·风住尘香花已尽》：一世愁苦，难以承载

这首词写于1135年，当时李清照在金华避难，日子很不好过。一个女人，没有丈夫没有孩子，又逢国难当头，真是近乎"上天无路，入地无门"的境地了。丈夫赵明诚人虽然没了，却有大量古玩字画存世，这些藏品历经失火、盗匪之灾，渐次流落，而对李清照来说，这些东西不仅是自己的家当，还是丈夫的遗物，怎么割舍得掉？无论怎么艰难，还要带在身边，可是这些古玩字画简直成了一个负担，而且，两人没有孩子，这些东西留下来给谁？未来会怎么样？都无从知晓。国不复国，家不成家，生活已然成了一种煎熬，此时的李清照，那

番寥落心情可想而知。正是在这样的境况下，李清照写下了这首传世之作。

"风住尘香花已尽"风停了，花凋落满地，在尘土上留下芬芳。这是多么凄然的画面！李清照借暮春景象感慨自己的人生。她把自己比作凋零寥落的花，落在泥土之上，散发着无畏的芳香。曾经多么美好的岁月，如今一去不回，眼下竟是这般坎坷、惨痛的人生。"日晚倦梳头"，都傍晚了，我却懒得梳头。一整天了，从早到晚，都没有梳妆打扮。"女为悦己者容"，爱的人不在了，再打扮又有什么意义呢？

"物是人非事事休，欲语泪先流"，这句话读出来都觉得心痛。身边看到的很多东西跟当年赵明诚在的时候都是一样的，但是人已经不在了。物是人非，什么都显得没有意义了，尤其是看着留在身边的那些东西，不由悲从中来。还没等要说出什么，眼泪已经不自觉地流了下来。

"闻说双溪春尚好，也拟泛轻舟"，我听人说双溪的春景还不错，也打算坐船过去看看。但是想想还是不去了，为什么呢？"只恐双溪舴艋舟，载不动许多愁"，就怕双溪这个地方的船太小，承载不了我这么多的愁苦。一般人发愁，皱着眉头不说话，那种愁，很难用语言来表达。但李清照说，这份愁绪是有重量的，重到游船都不堪重负了。前一句写"也拟泛轻舟"，看似心情转好，想出门去看看，其实是为了反衬后面的"载不动许多愁"。她对看景色，对欣赏暮春的风光其实一点兴趣都没有，青春岁月和值得珍惜的人都已远去，一世的愁苦，已经难以承担。这时的李清照已经五十多岁了，希望难觅而愁苦无穷，这是怎样的悲苦心境啊！

李清照

再婚，离婚！

靖康之难，北宋灭亡，南宋朝廷偏安一隅，不思进取。像李清照这样"身世浮沉雨打萍"的人被裹挟在历史大潮中是无力抗衡的。早年间，李清照还有《如梦令》这样纯真悠闲的小令，有《夏日绝句》这种豪情满怀的作品。但是到了晚年，李清照就写不出这样的作品来了，因为她的生活充满了各种各样的悲苦。

赵明诚去世之后，李清照一人押着大量金石文物，辗转各地，有的被官军强行霸占，还有的被邻居掘壁偷盗。在这样一个环境下，李清照要独自生存下去，实在太难了。

就在这个时候，恰巧有一个叫张汝舟的人，三番五次跟李清照献殷勤，李清照可能也觉得这个人还不错，就对他有了一定的信任，于四十九岁时嫁给了张汝舟。但是，这段再嫁的婚姻，只维持了三个月就结束了。为什么？李清照遇人不淑、识人不明。她看上的这个张汝舟，按我们现在的讲法，就是一个渣男。他看中的不过是李清照的才华声名和也许会让自己腰缠万贯的文物。然而，文物终不如钱财衣服实用，只能看看而已。他又不懂得欣赏李清照视为生命的文物价值和满腹诗词。当人物俱占时，他发现自己并不能支配有思想的李清照的行为，不仅没得到什么财富，反而还要负担李清照的生活。于是他对李清照恶语相加，拳打脚踢。这种种劣迹，让李清照完全无法忍受，便萌生了离婚的念头。可在宋朝，要离婚，尤其是妇女提出离婚，要付出巨大的代价。但是即便代价巨大，李清照仍旧很坚定地要离婚。这就是李清照性格中刚强的一面，当断则断，决不将就。

按照宋朝律例，丈夫因罪被判流放，婚姻关系可以解除。李清照就抓住这一点，最终以"妄增举数入官"的罪名，把张汝舟告上了法庭。妻子告丈夫这样的事情，在当时可是能够上头条的。在当时的社会环境下，即便从始至终都是张汝舟的错，但是非议全都落在李清照身上。当时整个社会对李清照的评价都是非常负面的。万幸的是，接这个案子的官员存了善念，他也痛恨张汝舟坏事做尽。所以，借这件事重判了张汝舟，准了李清照离婚的诉求。虽然与张汝舟一刀两断，再无瓜葛，但这一切给李清照的内心留下深深的伤痕。她将无处诉说的苦楚流注笔端，幻化成一首首词作，如声声悲鸣，痛彻人心。

这位出身名门、才貌双全，又有男儿气概的才女，本应幸福恬静地度过一生，没想到却经历了这番凄风苦雨。真是造化弄人，可怜可叹！

注：妄增举数为科举名词，宋代规定举子考到一定次数、取得一定资格后可以授官，张汝舟虚报考试次数获取官职，是欺骗皇上。

《声声慢·寻寻觅觅》：巨大的孤独与哀痛

声声慢·寻寻觅觅

宋·李清照

寻寻觅觅，冷冷清清，凄凄惨惨戚戚。乍暖还寒时候，最难将息。三杯两盏淡酒，怎敌他、晓来风急？雁过也，正伤心，却是旧时相识。

满地黄花堆积。憔悴损，如今有谁堪摘？守着窗儿，独自怎生得黑！梧桐更兼细雨，到黄昏、点点滴滴。这次第，怎一个愁字了得！

每次读这首《声声慢·寻寻觅觅》，总是不由得一声长叹。这是李清照晚年最后一首长调。所以，也可以把它看作是李清照的绝笔之作。一个才华横溢的女词人，生不逢时，历经国破、家亡、夫死、物散，一生颠沛流离。多年来的沉郁苦闷，无处诉说，最后化成这首《声声慢·寻寻觅觅》。文字愁苦，可又不着痕迹，是人生的悲鸣，亦是对世界的悲悯。

整首词在文字上不事雕琢，有不少口语化的表达，颇有大道至简的意味。往往浓度越高的感情，在表达的时候是顾不上去做工巧推敲的。词句突破了平仄格律的限制，情之所至，自然本真。

"寻寻觅觅，冷冷清清，凄凄惨惨戚戚。"这样的叠词成句，显然是不合格律要求的，但这种突破格律的写法，反倒给整首词开拓了一个全新的境界，痛彻心扉的十四个字带出一种节奏感。词人写愁苦从"寻寻觅觅"写起，开篇四个字就把她这一整天茫然无措、心神不宁的状态刻画了出来。词人想去寻找些什么来安抚这糟乱的心情，寄托这难以忍受的空虚寂寞，但周围只剩一片冷清孤寂，在这"冷冷清清"中，词人再也按耐不住，发出"凄凄惨惨戚戚"的慨叹，可谓一字一泪。无穷的愁绪在心头和空气中弥漫开来，久久不散。

"乍暖还寒时候，最难将息。"此词作于秋季，而秋季一般是"乍寒还暖"之时，由此可见，词人这里并非是写一年之季，而是在写一日之晨。秋日的清晨，朝阳破云而出，所以说"乍暖"，而清晨时分，晓寒犹重，凉风习习，故而说"还寒"。在这种乍暖还寒的时候是最难安眠的。字面上看，词人把失眠归罪于天气，而实际上让她难以安眠是内心的愁苦。她希望自己能够能沉沉地睡去，从而逃离这不尽的苦痛，可越想入眠却越难以入眠。"最难将息"与前一句"寻寻觅觅"相承，说明词人从一大早就被这些愁绪缠绕，不知如何是好。

接下来"三杯两盏淡酒,怎敌他、晓来风急"，词人想借酒消愁，想用这两三杯淡酒来驱散清晨的寒意，怎奈借酒消愁愁更愁，这淡酒根本无法驱散她内心的孤独、寒冷。此处"晓"，通行本作"晚"，从全词意境来看，应该是"晓"字。古人有卯时起床饮酒的习惯，又称"扶头卯酒"，李清照在《念奴娇》一词中写过，"扶头酒醒，别是闲滋味。征鸿过尽，万千心事难寄"，而下文也提到了"雁过也"。且"晓来风急"与前文提到的"乍暖还寒"正好相呼应。

"雁过也，正伤心，却是旧时相识"，冷风正劲，心绪难宁，却突然听到飞雁悲鸣。词人之所以言大雁是"旧相识"，是因为这南来的秋雁，正是词人往昔在北方的家乡见到的，而今家乡沦陷金人之手，身边的亲人也都离自己而去，多少美好的往事，转眼成空，正应了词人那句"物是人非事事休，欲语泪先流"。

下片由秋日高空转入自家庭院，"满地黄花堆积。憔悴损，如今有谁堪摘？"园中开满了菊花，秋意正浓。此处的"黄花堆积"其实是说菊花开得正盛，而不是凋零满地。之所以用"堆积"，是说这盛开的菊花也没能给词人带来些许的欢愉和希望吧，因为在她看来，黄花再盛也终有尽时，就像自己一样，也曾风华正茂，快乐无忧，可如今，往日的欢乐一去不返，陪伴自己的只有无尽的忧愁。"憔悴损"，正是词人在说自己因忧伤而憔悴枯瘦。词人与黄花惺惺相惜，又如何忍心去采摘它呢？所以"如今有谁堪摘"其实是以惜花来惜人。紧接着一句"守着窗儿，独自怎生得黑"，词人独坐在窗前，看着天色渐暗，内心的愁苦愈加浓烈。因为相比于白日的漫长煎熬，这即将到来的黑夜更让人难以忍受。

"梧桐更兼细雨，到黄昏、点点滴滴。"天色阴沉，又下起雨来。点点滴滴敲打在梧桐树叶，无边丝雨细如愁，声声催人泪。这两句其实化用了温庭筠《更漏子》中"梧桐树，三更雨，不道离情正苦；一叶叶，一声声，空阶滴到明"的词意，把雨打梧桐之声与离愁悲苦相融，令人心碎。最后一句，"怎一个愁字了得！"古来写愁苦，大都言其多，比如李煜的"问君能有几多愁，恰似一江春水向东流"，以江水无尽来比喻愁苦无穷，而李清照却另辟蹊径，化多为少：以"一个愁字"起笔，却有"无法囊括"之意，感觉除了"愁"已经没有别的情绪了，而此时突然收笔，表面上"欲说还休"，实际上早已"歇斯底里"。

我觉得李清照在这首《声声慢·寻寻觅觅》中写人生的愁苦，生命的孤独，已经写到了"前无古人，后无来者"的程度了。虽然我们未曾经历如她这般的苦痛，但通过文字，我们却也能够感受到无以名状的痛彻心扉，好的文学作品的价值也正在于此，它能够丰富我们的情感认知，拓宽我们生命的宽度和厚度，让我们变得善良、通达、睿智。

清廉正直的平凡与不凡

杨万里，字廷秀，号诚斋，出生于1127年。1127年，在宋朝历史上是非常特殊的一个年份，这一年四月，靖康之变，北宋王朝在金兵的沉重打击下迅速瓦解，徽钦二帝被俘，北宋宣告灭亡。同年五月，康王赵构即位，建立南宋王朝。所以我们讲的诗人词人，也就到南宋了。

杨万里八岁丧母，父亲宁肯忍饥挨饿也要购买书籍苦读学习，受父亲影响，杨万里自幼刻苦读书，二十七岁考中进士，做过国子博士、广东提点刑狱、太子侍读、秘书监等。国子博士以文案整理和研究为主、太子侍读就是陪太子读书讲课、秘书监则相当于文秘工作。杨万里是一个标准的读书人，为官做人都非常清廉正派，在文坛有一定的影响力。"诚斋体"就是他首创，也是以他的名字命名的。

说两件杨万里的轶事吧。

杨万里在广东做提点刑狱的时候，刚一上任就要查很多案子。提点刑狱，就是我们熟悉的"提刑官"，相当于现在的法官兼检察官。他一到任就发现，关押的罪犯中很多都是非常老实的平头百姓，看着都不像十恶不赦的罪犯，杨万里觉得很奇怪，就提审这些人，问他们犯了什么罪。不问不知道，原来这些人大多数都没有做什么违法乱纪的事，而是因为交不起税才被抓的。当时的税负太重了，粮食都不够吃，哪有余粮交税呢？"苛政猛于虎"啊，这些老百姓都是苛政的牺牲品。杨万里对这些因交不起税而被关进大牢的老百姓很是同情，就冒着丢官的风险，释放了这些人，还放宽了他们交税的期限。这样勤政爱民，自然为杨万里赢得了很好的名声。看到提刑官这样体恤下情，老百姓深受感动，砸锅卖铁纷纷把税先交上了。杨万里反倒因此立了大功，升官去了京城。

还有一件事情，更能看出杨万里清廉的品质来。那时候民间有"三年县太爷，十万雪花银"的说法，意思就是做几年有实权的小官，立马财源滚滚。但杨万里不是这样，为官期间，不收取一文贿赂，弹劾贪官污吏，不害怕得罪权贵，视官宦富贵如粪土。简直就是南宋朝廷的一股清流。杨万里在1192年的时候主动申请退休并且把自己的收入通通拿出来，捐到国库。其实杨万里在任时也没多有钱，不过是有个稳定的收入而已，但他甘于清贫。辞官后闲居乡里十五年，杨万里与夫人罗氏粗茶淡饭、粗衣布衫，一家人挤在破旧的老房子里。

杨万里一生勤勉，据记载他一生写了两万多首诗。他坚守本分，为官清廉，行事规范严谨，为后世楷模。"守本分"三个字说来容易，但真要抵住诱惑一辈子践行这三个字，只怕并不容易。

《小池》：生机盎然，美丽清新

小池

宋·杨万里

泉眼无声惜细流，

树阴照水爱晴柔。

小荷才露尖尖角，

早有蜻蜓立上头。

杨万里这首《小池》，欢快之情跃然纸上，溢于言表，这种轻松欢快，也是杨万里的风格。杨万里一生相对顺遂，虽然也有起落，至少比李煜、柳永、李清照安稳得多。同时他也非常看得开，遇事不挂怀，对物质要求不高，知足常乐。也正因这种淡然，从杨万里的作品中往往能读出一种旷达，这种旷达跟苏东坡苦中作乐的旷达不同，是一种天生的淳朴、纯真。

《小池》是很典型的"诚斋体"作品,全诗描绘了一幅天然纯真的初夏图。泉眼、细流、一池树阴、嫩嫩的荷叶和可爱的蜻蜓,非常清新自然,让我们感受到了自然万物的和谐美好。

"泉眼无声惜细流","惜"字用得很妙,有爱惜之意。泉眼就好像很爱惜这泉水,舍不得多流一点儿。这里用了拟人的修辞手法,赋予泉眼以生命,把细流涓涓之态生动地展现出来。

"树阴照水爱晴柔","晴柔"是说晴天时柔和的风光。这句话的意思是,池边绿树似乎是喜欢这晴柔的风光,把自己的倩影映照在水面上,就像是美人对镜梳妆。一个"爱"字同样化无情为有情。

接着后两句"小荷才露尖尖角,早有蜻蜓立上头"。娇嫩的小荷叶才刚从水面露出尖尖的角,就有一只蜻蜓立在上头。蜻蜓似乎是捷足先登,急切地想领略这美好风光。一个"才露",一个"早有"前后映照,将静态之景写出了动态,像是一个镜头的快速切换,妙趣横生。最后一句,作者用"立"来代替"停",让动的蜻蜓呼之欲出,说明蜻蜓只是小驻一下,一会儿就飞走了,以静写动,尽显蜻蜓俏皮之态。

这首诗清新自然,寥寥数笔就把初夏时节的景致勾画出来,动静结合,让人身临其境。能对日常景物有如此细腻的捕捉和描绘,除了诗人深厚的文学功底之外,想必也离不开他那善于发现的眼睛和热爱生活的心。

《晓出净慈寺送林子方》：极工整的一联

晓出净慈寺送林子方

宋·杨万里

毕竟西湖六月中，

风光不与四时同。

接天莲叶无穷碧，

映日荷花别样红。

这首《晓出净慈寺送林子方》是非常有名的篇目，我带夏令营的学生到杭州的时候，专程来到西湖边上的净慈寺，同学们齐声背诵《晓出净慈寺送林子方》，吸引了周围很多游客的目光。

林子方是杨万里的同事，在皇上身边做官，杨万里当时任太子侍读，也是天子近臣，跟林子方关系很好。后来林子方接受皇上的诏命调到福州去做官，这首诗就写于杨万里在净慈寺送别林子方时。

"毕竟西湖六月中，风光不与四时同。"到底是六月中旬了，西湖的景色和其他时节都不一样了。农历六月的时候挺热的，是夏天毫无疑问，但是为了表现出当时的景色和一般的时候都不一样,杨万里写了"风光不与四时同",主要是说西湖有自己的特点,在这个时节,景色和往日不同。

什么样的景色如此特别呢?"接天莲叶无穷碧,映日荷花别样红。"先从文法上讲,这两句对仗对得实在是太棒了,"接天莲叶"对"映日荷花",非常工整。"接天莲叶无穷碧",密密层层的荷叶铺展开来,与蓝天相连接,一片无边无际的青翠碧绿,望都望不到头,说明荷叶之多。"映日荷花",映照着太阳的朵朵荷花"别样红",红得跟一般时候都不一样,红得那么娇艳欲滴、那么明丽动人。连天"无穷碧"的荷叶和映日"别样红"的荷花,春、秋、冬三季都见不到,即便夏季也只在六月荷花开得最旺盛的时期才能看到,所以说"风光不与四时同"。

这首诗虽然是送别朋友,但没有一个字纠缠于离愁别绪,而是通过对西湖美景的极度赞美,婉转地表达了对友人的眷恋。

我们学对仗应该从这样的句子里头来学,一般诗词当中的对仗都是要求宽对就可以了,能做到工对,一字不落而且表示的意思也非常接近是很不容易的。比如说这里的"碧"和"红"都是颜色,"莲叶"与"荷花"分别都是名词,而这两个东西本身又是相关的,莲对荷,叶和花,莲跟荷是同一种东西,叶和花又是长在一起的,所以都可以理解成讲的一类东西。"接天""映日",接和映都是动词,天和日都在天上,这个工对非常工整。"中""同""红",这韵压得也非常工整。这首诗字面工整,含义清晰隽永,是典型的"诚斋体",也是杨万里的代表作。

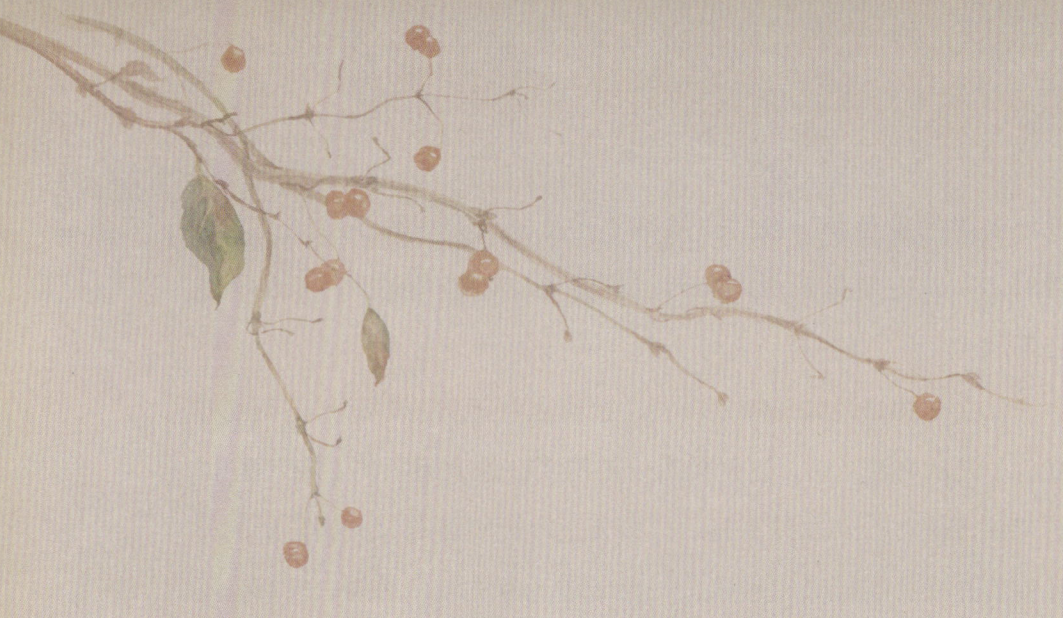

从江西派到"诚斋体"

杨万里陪太子读书时,和皇上关系很近,光宗皇帝专门给他写了"诚斋"二字,作为书房的名称,后来就慢慢成了杨万里的"号"。

北宋诗坛上有一个派别是江西派,"江西派"的诗歌理论强调"点铁成金",就是每一个字都必须有来历,都得从典故当中来。但这样强调用典和来历,容易把诗歌写"死"了,变成了一种非常机械的东西。杨万里从小开始学诗就学的"江西派",对典故文献非常熟悉。所以杨万里的基本功很扎实,在二三十岁的时候,杨万里逐渐摆脱前人刻板用典的束缚，喜欢用浅近明白的语言和流畅直接的方式表达，他的作品也就逐渐呈现出一种清新自然的灵动之感。

后来杨万里把自己为人处世的恬然淡泊也渐渐融合到作品中，自成一体，因杨万里号"诚斋"，故把这种活泼自然，饶有谐趣的诗歌风格称为"诚斋体"。

诚斋体把主观情感最大程度地投射在客观事物上，和李煜、柳永的哀怨愁苦形成鲜明对照。每个文学家，其实都是生活炼就的。在那些经历过大风大浪、一生颠沛流离的诗人笔下，我们能感受到惊涛骇浪的情感起伏。杨万里的作品没有这种惊心动魄、扣人心弦，但他有他的生活，就是安稳淡然，也由此形成他诗作的风格，就是清新自然。他把自己的个性融汇到作品当中，把淡然处事的态度融入自然，看到什么风光他就写什么，画面感自然就涌现出来了。杨万里一生活出了清新自然的滋味，所以他的作品也体现了这种感觉。《小池》《晓出净慈寺送林子方》，写荷花、阳光，都是柔和的，让人感觉非常舒适，这就是杨万里"诚斋体"的风格。后世很多人也去模仿"诚斋体"的写法，但真能写好诚斋体的，寥寥无几。不是能力不足，是心境不同。真正能拥有杨万里这样淡然心境的人，实在不是很多。

《宿新市徐公店》：诚斋体代表作

宿新市徐公店

宋 · 杨万里

篱落疏疏一径深，

树头花落未成阴。

儿童急走追黄蝶，

飞入菜花无处寻。

（花落一作：新绿）

  这两首诗从立意和用字用词上都能体现"诚斋体"自然清新的风格。

  "篱落疏疏一径深"，"疏疏"是说稀稀落落的样子；"篱落"，这里是说篱笆之间是有间隔的，正因如此，才能看到"一径深"。"一径"即一条小路，"深"即深远。一幅白描的图画，非常有画面感。从稀稀疏疏排列的篱笆间望去是一条幽深的小路。这一句将乡村的宁静幽深之感表现出来了。

接着继续写乡村之景,"树头花落未成阴",树上的桃花梨花已经凋落,但叶子还没有长得很浓密,还没有形成树阴,这一句点明了时节,暮春或者初夏。前两句写景,让我们感受到当时景色中的某种心境,把清新的滋味含蓄地表达在景致中。

第三句由景写到人,"儿童急走追黄蝶",这个画面充满童趣,平哥相信所有人读到这样的句子都会会心一笑,天真无邪的小孩兴奋地追赶着黄颜色的蝴蝶,两手扑扑打打,两脚跌跌撞撞,样子可爱极了。"走"在古文中多指"跑"。这两个字写出了小孩追着蝴蝶跑的稚拙可爱之态。通过这句话我们似乎不仅仅只看到孩子奔跑的身影,还能听到孩子童真的笑声,欢快的场景扑入眼帘。

最后怎么样了,小孩捉住蝴蝶了吗?诗人没有直说,而是用了一句"飞入菜花无处寻"。黄色的蝴蝶飞入这一片黄色的油菜花田中,自然是无处寻觅了。我们可以想象到小孩对着那一片黄澄澄的油菜花,四处张望,却寻不见蝴蝶时的那种焦急和无奈的天真之态。这句看起来说的是蝴蝶飞进了油菜花里,但也有可能是说小孩跑进油菜花田里,和蝴蝶一起不见了踪影。

这首诗从篱笆幽径讲到落花稀树,本是一幅宁静的画面,转而出现一个小孩,跑着笑着追蝴蝶,打破了这份宁静,而最后寻蝶未果,一切又在一片黄澄澄之中安静下来,整首诗前后呼应,自然流畅,而又充满童趣。"诚斋体"的风格即是如此,写的大都是日常生活,表达的情感也没有苦大仇深,格外清新自然,温柔淡雅。

《闲居初夏午睡起》：悠闲的退休生活

闲居初夏午睡起（其一）

宋 · 杨万里

梅子留酸软齿牙，

芭蕉分绿与窗纱。

日长睡起无情思，

闲看儿童捉柳花。

这首诗是《闲居初夏午睡起二首》里的第一首。"闲居"指的是退休以后，此时的杨万里"无案牍之劳形"，没了繁忙的公务，日子非常悠闲。

"梅子留酸软齿牙"，睡觉前，可能是吃了个梅子，酸得牙齿都软了，直到醒来仍觉有余酸。这句写诗人切身的感受，很日常。

"芭蕉分绿与窗纱",夏天正是芭蕉叶最绿最好看的时候。芭蕉叶的绿色映照在纱窗之上,分绿与窗。一个"分"字用得特别传神。首联写诗人直观的感受,颔联写景,写诗人午睡初起所见,可见诗人心情闲淡。杨万里没有什么野心和奢望,"心中若无烦恼事,便是人生好时节"。对他来说,退休后这样淳朴、简单的生活,确是一番享受。

颈联,"日长睡起无情思"。"无情思"是指没情绪,其实就是懒洋洋的样子。睡醒以后,懒洋洋的,什么事儿都不想干,这一觉睡得还真是舒服啊!这样的状态,真是让人羡慕。只可惜大多数人天天耽于俗物,只怕难有杨万里的福气。

"闲看儿童捉柳花",悠闲地望向窗外,只见一群小孩正在捕捉空气中飘飞的柳絮。"柳花"就是柳絮。柳絮漫天,似乎是恼人的,但杨万里却写得很生动:毛绒绒的柳絮在天上乱飞,儿童像抓蝴蝶一样去抓,可柳花太轻了,总是抓不着。即便抓住了,手掌一打开,柳花又乘着风儿飞走了。这里的柳絮显得特别可爱,像是在逗孩子们玩、陪孩子们一起游戏一样。这样的画面,真是妙趣横生。也许正是孩子们的天真烂漫让无精打采的诗人顿感童心萌发,不觉沉浸其中。杨万里颇有淳朴自然的心境,而此时的他就是如此:午睡初起,看芭蕉分绿、柳花戏童……

会写词的抗金将领

辛弃疾

宋词豪放一派，首屈一指的就是"苏辛"，苏轼和辛弃疾。除了跟苏轼并称"苏辛"以外，辛弃疾和李清照还并称"二安"。因为辛弃疾字幼安，李清照字易安，两个人又都是山东济南人，所以并称"济南二安"。

辛弃疾出生在1140年。十三年之前的1127年，发生了靖康之乱，北宋的一部分宗室和士族逃到了建康（今南京），后定杭州为"行在"，改称"临安"，建立了南宋。这意味着北方大部分地区归金国所有了。辛弃疾的出生地山东济南当时就在金国的统治之下。由于金人文明水平不高，于是就任用了很多当地汉人做官，其中就包括辛弃疾的祖父辛赞。辛赞身在金邦心向南朝，经常带辛弃疾"登高望远，指画山河"，对他进行爱国主义教育。而辛弃疾也亲眼目睹了汉人在金人统治之下的屈辱和痛苦。于是，

辛弃疾在年纪很小的时候，就立下了恢复中原、光复大好河山的远大志向。

那么辛弃疾是一个什么样的人呢？说出来，大家可能都不相信，我们一说到词人、文人，自然会联想到手摇扇子吟诗作画的斯文书生形象。但辛弃疾完全不是如此，他是正儿八经上阵杀敌的将领，身材威武雄健，这在宋代文坛中是非常罕见的。

据史料记载，金国国主完颜亮看了柳永写的《望海潮·东南形胜》以后，被江南的富庶繁华深深打动，于1161年带领金国部队大举南侵。北方的汉族人民不堪金人严苛压榨，奋起反抗，其中就包括二十一岁的辛弃疾，他带着两千来号人，加入了耿京领导的起义军，并担任掌书记。后来耿京被叛徒张安国所杀，辛弃疾得知后，"马作的卢飞快，弓如霹雳弦惊"，一怒之下带领五十人，杀入敌军五万人的军营之中，生擒叛徒张安国并将其带回，交由南宋朝廷处理。

宋高宗赵构对辛弃疾的英勇抗战，表示了极大的赞扬，之后继位的宋孝宗赵昚起初也同样表现出了要恢复失地、报仇雪耻的锐气，但在隆兴北伐失败后便有些灰心丧气，渐渐打消了北伐的念头。辛弃疾二十六岁时向皇上写了著名的《美芹十论》《九议》等策论，陈述抗金救国、收复失地、统一中国的大计。这些建议在当时广受好评，都觉得这个年轻人有出息，辛弃疾也希望能得到朝廷的支持，

相关历史事件：隆兴北伐是指南宋宋孝宗即位后，为恢复北方失地和提高南宋在宋金关系中的地位而进行的军事、外交努力。由于孝宗措置失当、仓促进攻，最终北伐失败。经此战，宋孝宗也倒向了主和派。

继续举起抗金大旗，挥师北伐。但是，朝廷对此的反应非常冷淡，只对辛弃疾在这些策略当中所表现出来的能力加以赞赏，对他所提出的具体策略却置若罔闻。加之主和派的阻挠，辛弃疾屡屡被排挤被打压，后来被委任去江西、湖北、湖南做转运使、安抚使等，让他管理地方事务。在江西、湖南做官时，辛弃疾又想方设法筹款创办飞虎军，还想着有一天能重回战场。然而南宋的权贵们偏安江南，沉浸在莺歌燕舞、醉生梦死之中，完全将收复北方失地的大业抛之于脑后，整个朝廷几乎一边倒地成了主和派的天下。辛弃疾光复神州的志向化为了泡影。

回归南宋朝廷以后的时光，从稼轩的理想来说，简直就是蹉跎岁月，为官三十载，却没有一件事可以和他二十一岁金戈铁马相提并论。空有一腔热血、满腹才华，却再也没有重上战场的机会。然而，即便有种种阻挠、种种非议、种种现实的悲哀，辛弃疾作为一个战士，一个将领，却从来没有放弃光复神州统一中原的理想。1207年，辛弃疾病重，临终前仍大喊"杀贼！杀贼！"，就这样，一代英豪最终悲愤而亡。

所以要讲辛弃疾，"抗金将领"或许才是他首要的身份，"词人"更像是一个锦上添花的注脚。

水龙吟·登建康赏心亭

宋·辛弃疾

楚天千里清秋,水随天去秋无际。遥岑远目,献愁供恨,玉簪螺髻。落日楼头,断鸿声里,江南游子。把吴钩看了,栏杆拍遍,无人会、登临意。

休说鲈鱼堪脍,尽西风、季鹰归未?求田问舍,怕应羞见,刘郎才气。可惜流年,忧愁风雨,树犹如此!倩何人,唤取红巾翠袖,揾英雄泪!

写这首词时,辛弃疾任建康通判,回归南宋已有八九年时间。题目中的"建康"就是现在的南京,"赏心亭"就是建康城中的一个亭子。

"楚天千里清秋,水随天去秋无际。"开篇写词人在赏心亭上看到的凄清的秋景,为全词奠定苍凉的基调。

"水随天去秋无际",这里的水指长江水,看着长江水向天边流去,有一种水天相接的感觉,同"孤帆远影碧空尽,唯见长江天际流"有异曲同工之妙。这两句写楚天千里辽阔,长江水滚滚东流,不知何处是尽头,描绘出一派无边无际的凄清秋色。

"遥岑远目"中"遥岑"就是远山。此句意为遥看远方的山,格式上是为了符合格律而作的一个倒装,正常语序应该是"远目遥岑"。"献愁供恨"这是一个互文的修辞。"恨"是遗憾,就是把遗憾之情诉诸笔端。"献"字不单单修饰"愁",也不单单修饰"恨",这是互文。"玉簪螺髻","玉簪"指古代女子的饰品。"螺髻"是指古代妇女螺旋形的发髻。这其实是一个比喻的修辞,在这里形容的是远山的形态。这三句连起来的意思就是放眼望去,层层叠叠的远山,有的像女子头上戴的玉簪,有的像螺旋形的发髻。远山愈美,愈能引起词人对沦陷区百姓的忧愁和报国无门的愤恨。

"落日楼头,断鸿声里,江南游子。"此处,辛弃疾将自己称为飘荡到江南的游子。其实这句话里面有一种深切的痛楚,辛弃疾是北方人,如今客居异乡,自然是满怀乡愁的游子。"断鸿"是指失群的孤雁。这显然也是一个象征的手法。孤雁是在说他自己,而这种孤雁之感跟那个江南游子一样,也有双重的含义:一方面他离开故乡,是孤雁;另一方面他身为北宋遗民,却人在江南,他是断鸿。所以,这种身在异乡心在故土的矛盾感是深深烙印在稼轩心中的。"江南游子"和"断鸿"都象征着辛弃疾北方遗民的身份,这一身份无时无刻都在提醒着辛弃疾,不能沉醉在江南水乡的柔情之中,收复北方失地才是他的责任和使命。而北方遗民的身份,使得辛弃疾遭受着政治上的排挤和打压,成为他实现一生抱负的绊脚石。理想与现实的冲突和矛盾，长期撕裂着辛弃疾的内心，却又让他无可奈何。

"把吴钩看了，栏杆拍遍，无人会、登临意。"这句话是整首词的名句，抒发了辛弃疾内心的无尽苦闷。"吴钩"是一把宝刀。李贺在《南园》里头写过"男儿何不带吴钩，收取关山五十州"，其中的"吴钩"说的也是这种刀。"把吴钩看了"字面意思为"把玩吴钩"，其实是说，这宝刀本应用在战场上杀敌，但现在却闲置身旁，稼轩以此表明自己就如同宝刀吴钩一样，英雄无用武之地。"栏杆拍遍"，稼轩在赏心亭遥望远山，思念北方沦陷的故土，心生焦躁之情，所以愤懑地拍打着栏杆。可见，辛弃疾是有多想上战场，但是"无人会，登临意"。遗憾的是，没有人能明白他的心境。回归南宋已经八九年了，南宋朝廷始终没有给他这样的机会。

下阕，大量引用典故。"休说鲈鱼堪脍，尽西风、季鹰归未？"此处典故出自《世说新语》。"季鹰"是指晋朝的张翰（字季鹰）。他当时因为政治斗争的原因，就以想念家乡的鲈鱼和莼菜羹为借口，脱离政治漩涡。"季鹰归未？"意思是张翰回去了吗？所以这句话是有一个反语的含义，张翰当年是因为要躲避北方的政治漩涡到南方来，但是现在稼轩的心情是什么？他不是要躲到南方来，他是想要迎难而上杀到北边去。所以他其实是不同意张翰的做法，所以他说"不要说那个鲈鱼和莼菜羹有多美"，他并不认同张翰避世的做法。他还想再杀回北方，收复失地，统一中原。

后面一句又用典故展现雄心壮志，"求田问舍，怕应羞见，刘郎才气"。其中"求田问舍"是指买屋置地，"刘郎"指刘备。这个典故说的是三国时广陵太守陈登智谋过人，很有才华，有一次，许汜去看望陈登，陈登对他非常冷淡，自己独自睡大床，让许汜睡在床下。后来许汜对刘备说起此事，指责陈登太过狂妄。刘备对许汜相当不屑，说道："君有国士之名，今天下大乱，帝主失所，望君忧国忘家，有救世之意，而君求田问舍，言无可采，陈登自然瞧不起你，换作是我，我将睡在百尺高楼，叫你睡在地上，岂止相差上下床呢？"稼轩用这个典故，一方面表明自己的雄心壮志，另一方面也是讽刺南宋朝廷的当权者，尤其是那些主和派，简直就是一帮胸无大志的"田舍翁"。"怕应羞见，刘郎才气"意思是说，像许汜那样的小人，有何颜面去见刘备这样的英雄人物。

"可惜流年，忧愁风雨，树犹如此"，再次用典。北周时期，有一个叫庾信的诗人，在《枯树赋》中写过这样一句话："树犹如此，人何以堪！"来表达自己的愁绪。《世说新语》当中也有记载：桓公北征，经金城，见前为琅琊时种柳，皆已十围，慨然曰："木犹如此，人何以堪？"意思就是说桓温看到自己过去种的柳树都已经长得这么高大了，人又如何能抵挡得住时间的流逝呢？稼轩在这里引用了庾信的"树犹如此"，真正要表达的是没有写出来的后半句"人何以堪"，抒发流年长逝，岁月无情，功业无成，前途无望的满腔悲愤。

"倩何人，唤取红巾翠袖，揾英雄泪。""倩"是请人帮忙的意思。"红巾翠袖"是指女子装饰，代指女子。词人借此感叹自己抱负不能实现，世无知己，得不到同情和慰藉。写到此处时，想必辛弃疾也是老泪纵横，难以再隐忍压抑多年的苦闷。

可怜英雄豪杰，一世蹉跎，无用武之处！

《摸鱼儿·更能消几番风雨》：壮志未酬心中苦

摸鱼儿·更能消几番风雨

宋·辛弃疾

淳熙己亥,自湖北漕移湖南,同官王正之置酒小山亭,为赋。

更能消、几番风雨?匆匆春又归去。惜春长怕花开早,何况落红无数。春且住。见说道、天涯芳草无归路。怨春不语。算只有殷勤,画檐蛛网,尽日惹飞絮。

长门事,准拟佳期又误。蛾眉曾有人妒。千金纵买相如赋,脉脉此情谁诉?君莫舞,君不见、玉环飞燕皆尘土!闲愁最苦!休去倚危栏,斜阳正在、烟柳断肠处。

写这首词时，辛弃疾四十岁，回归南宋已经十七年之久，这十七年中，他的抗金主张一直没有被朝廷采纳。不仅如此，还接连遭受排挤打击，不得重用，四年间改官六次。这次，他由湖北转运副使调官湖南，依然是去担任主管钱粮的小官。现实与他恢复失地的志向越来越遥远了。行前，同僚王正之在山亭摆下酒席为他送别，辛弃疾见景生情，借这首词抒发了他长期积郁于胸的苦闷之情。了解了这个背景再来读这首词，你会发现，这首词似乎颇具婉约之风，上片写惜春伤春之情，过片又写那些得不到君王宠幸的后宫佳丽们，实则远非如此。

"更能消、几番风雨？匆匆春又归去。"如今已是暮春时节，经不起几场风雨的袭击，春天就匆匆过去了。风雨在这里既象征南宋朝廷处于风雨飘摇之中，也象征着辛弃疾的"人生风雨"。

"惜春长怕花开早"，因为珍惜春天，所以总是担心花开得太早了。为什么？"何况落红无数"，花一开，就离凋谢不远了。所以，辛弃疾不希望花开得太早，他希望春天永驻。实际上是感叹自己十七年光阴虚度，事业无成。

"春且住。见说道、天涯芳草无归路。"春天你慢点走啊！你看这芳草已长满天涯海角，阻断了你的归路！"怨春不语"，怨恨没有把春留住，有话难以说出来，无可奈何。

"算只有殷勤，画檐蛛网，尽日惹飞絮。"人无法留住春天，倒还有那屋檐下的蜘蛛勤勤恳恳，一天到晚抽丝结网，粘住那些残存的飞絮杨花。蜘蛛如此微小，却施展全部力量挽留春光。作者以蜘蛛自比，表达自己对南宋的忠心，可惜位低权小，不能起大的作用。

"长门事,准拟佳期又误。"这是一个典故。汉武帝的陈皇后失宠后被安置在长门殿,几年都见不着皇上一面,为了挽回汉武帝的心,这位陈皇后就找当时的文学名家司马相如写了一篇《长门赋》来表达自己对皇帝的思念之情,希望借此打动汉武帝的心,但是她所期望的"佳期"根本没有来。

"蛾眉曾有人妒。千金纵买相如赋,脉脉此情谁诉?"其中"蛾眉"是说眉毛上画的妆,这里指代陈皇后。当年皇上宠幸我的时候,还有很多人妒忌我。如今纵然我花千金买了司马相如的《长门赋》,但是皇上见都不愿见我,我又跟谁诉说衷情呢?

下阕的前两句是从陈皇后的角度在说。紧接着,"君莫舞,君不见、玉环飞燕皆尘土!"这句是对汉武帝后来宠幸的那些妃子们说的,意思是你们现在别得意,你们看不到杨玉环和赵飞燕的下场吗?"玉环飞燕"是指古时非常有名的大美女杨玉环和赵飞燕,她们曾经也是集万千宠爱于一身,后来这两位大美人都没有好下场。这说明女人得到了皇上的宠幸又有什么用呢?到最后不还是一切尘归尘,土归土吗?这里辛弃疾并不单纯地在写皇帝和妃子,而是咏史感怀,抒发自己英雄无用武之地的苦闷。

"闲愁最苦",什么叫"闲愁"?就是闲在那边没事干心里发愁。这种愁是最苦涩的。当时壮志难酬的辛弃疾就是闲愁。那么他的闲愁跟陈皇后的闲愁是不是可以类比呢?陈皇后心生闲愁,是因为自己命运受到了挫折;而辛弃疾的闲愁,既有自己壮志难酬的苦闷,也有对南宋朝廷前途命运的担忧。

"休去倚危栏,斜阳正在、烟柳断肠处。"不要再登高凭栏望远了,看到夕阳西下,落在令人断肠的烟柳迷蒙之处,心里会更加愁苦。这是辛弃疾在自我安慰。"烟柳断肠处"实际上是在说春天走远了，自己心里也很愁苦。但是，如果我们把它放到词人自己的生平阅历当中，放到更长的时间维度上去看，你会发现其实辛弃疾在这里要表达的是时光流逝而自己不能施展才华和抱负的苦闷之情。

世上多少愁苦郁闷，是难以用语言直接诉说的呀！

鹧鸪天·壮岁旌旗拥万夫

宋·辛弃疾

壮岁旌旗拥万夫，锦襜突骑渡江初。

燕兵夜娖银胡觮，汉箭朝飞金仆姑。

追往事，叹今吾，春风不染白髭须。

却将万字平戎策，换得东家种树书。

《鹧鸪天·壮岁旌旗拥万夫》：豪情背后的哀痛

要说宋词中的豪放派，辛弃疾也许比苏东坡更具代表性。苏东坡的豪放更多是一种洒脱，而辛词中的豪放是真正的豪情万丈。比如这首《鹧鸪天·壮岁旌旗拥万夫》。

其实稼轩写这首词的时候已到垂暮之年。他在这首词的标题下写了由来："有客慨然谈功名，因追忆少年时事，戏作。"是因为有朋友来聊起少年时的英雄往事，兴之所至，写了这首词。少年时的什么英雄往事呢？那是稼轩二十一岁那年，带着手下两千多人揭竿而起，从千军万马中生擒叛徒张安国，这是何等的意气风发！

"壮岁旌旗拥万夫"，"壮岁"就是正当壮年，也就是二十岁出头，满怀壮志豪情的岁月。"拥万夫"就是手底下有很多的人追随。"万夫"是虚指。在中国几千年的文坛上，几乎找不到第二个辛弃疾这样的人物，文能提笔安天下，武能上马定乾坤。

"锦襜突骑渡江初"，"突骑"是指快速骑兵。"襜"就是战袍。"锦"就是锦绣。"渡江初"就是刚刚渡过长江的时候，这句话说的就是辛弃疾带着起义大军，从金国的地盘到南宋的地盘。

"燕兵夜娖银胡䩮，汉箭朝飞金仆姑。"这句写突破金兵防线，和金军作战时的场面。金国士兵夜里整理打仗用的装备，而宋朝的士兵一早就发起了进攻。说明义军进攻神速、出其不意。"燕兵"就是金国的士兵。"娖"是整理的意思。"胡䩮"就是匈奴人装弓箭的袋子。"汉箭"是指汉朝的军队。"金仆姑"是一种箭名。这里描写的是战争的场面，一方戒备，一方进攻。所以上片是在回忆自己二十多岁壮士旌旗的戎马岁月。

"追往事，叹今吾，春风不染白髭须。"想想以前的事情，叹息现在的自己，草木经春风吹拂能重新发芽变绿，但春风染不黑我这把已经发白的胡须。实际上"须"和"吾"字按平水韵来讲，是押韵的。辛弃疾写这首词的时候，已经归隐山林。这首词，是他回忆以前的事情，而引发了对现状的感慨。辛弃疾一辈子都想上战场杀敌报国，但是软弱的南宋王朝百般阻挠，这样一个"壮岁旌旗拥万夫"的英雄，在南宋做官以后，就再也没有机会上战场，这是上天跟辛弃疾开的一个莫大的玩笑。这也构成了辛弃疾一生的悲哀，所以会有"追往事，叹今吾"这六个字。"春风不染白髭须"，叹息老了，岁月不饶人啊！这句话蕴含了惨痛的情感在里面，只是辛弃疾用一种比较豪放的风格表达了出来。如果不了解辛弃疾的经历，是无法体会其中滋味的。

"却将万字平戎策，换得东家种树书。"上万字的平戎策竟毫无用处，倒不如拿去跟邻居换本种树书，还能有一些生产上的实用价值。"平戎策"指的是辛弃疾南归以后给朝廷提出的《美芹十论》《九议》等抗金意见书，都是建议皇上要如何打败金国、如何恢复北方故土的具体策略。辛弃疾为了国家，什么都可以抛下，爱国就是他的方向、理想和使命，所以给皇上出谋划策。"平戎"就是打匈奴，这里指平定金人。那么他递交给皇上的"平戎策"最后换来的是什么呢？"换得东家种树书"，换来的是邻居那里如何种树的书。其实这也是词人一种很无奈的自嘲：我本来想着保家卫国，但是国家不需要我，只能退隐山林学种树了。"我本将心向明月，奈何明月照沟渠"正是此意。词人蹉跎大半生，却只能将"万字平戎策"换来"东家种树书"，可叹此生！

《青玉案·元夕》：美好的第三重境界

辛弃疾

青玉案·元夕

宋·辛弃疾

东风夜放花千树。更吹落，星如雨。

宝马雕车香满路。

凤箫声动，玉壶光转，一夜鱼龙舞。

蛾儿雪柳黄金缕，笑语盈盈暗香去。

众里寻他千百度，

蓦然回首，那人却在，灯火阑珊处。

王国维先生在《人间词话》中所讲"古今成大事业、大学问者，必经过三重境界"中的第三重境界，就是这首词的最后一句："蓦然回首，那人却在，灯火阑珊处。"

这首词写于1174或1175年间，当时，南宋国势日衰，而统治阶层不思国事，沉湎于歌舞享乐。辛弃疾一腔报国热忱却无路请缨。满腔激情、怨恨、无奈，交织成了这幅元夕求索图，千古传唱。

"东风夜放花千树"，所谓的"花千树"，是指元宵节时树上挂的花灯非常多。"更吹落，星如雨"烟火纷纷，如雨一般落下来。此句的意思是满街的花灯，犹如火树银花，风一吹起，天上的烟花掉落，像是下起了星雨，非常漂亮的场景。

"宝马雕车香满路。凤箫声动，玉壶光转，一夜鱼龙舞。"这句写的是一个非常热闹和繁华的景象。"宝马""雕车"都是指雕梁画栋，装饰奢华的马车。"凤箫声动"，凤箫中传出的美妙音乐声四处回荡。"玉壶"比喻天上的明月。也有另外一个版本的解释，认为"玉壶"指的是元宵节的花灯。"鱼龙"就是鱼形龙形等各种形状的花灯。这是上阕，写了元宵节的热闹场面。可是，辛弃疾真的只想过这样一个热闹的元宵节吗？

下阕开始写人。"蛾儿雪柳黄金缕"，这三样都是古时候女子戴在头上的饰品，这里指盛装的女子。平常大门不出，二门不迈的女子，在元宵节的时候，终于走出了家门。"笑语盈盈暗香去"，打扮得花枝招展的女子们一路笑语，带着幽香，从词人眼前走过。

"众里寻他千百度"，为什么在这里用的是单人旁的"他"，因为那个年代没有女字旁的"她"。所以这里的"他"，其实是指心上人，那么主语是谁？谁在寻找自己的心上人？没有交代。不论这个人是谁，实际上这个人才是整首词的主角。上阕里看到的所有景色是谁看到的？其实就是这个主角看到的。他看到了"东风夜放花千树，更吹落，星如雨"，他看到了"宝马雕车香满路"，他看到那么多漂亮姑娘从眼前走过，只是他要找的心上人没在其中。

"众里寻他千百度",找了一遍又一遍,怎么就没有呢?到底在哪里呢?"蓦然回首,那人却在,灯火阑珊处。"经过千百次的寻觅,偶然一回头,终于在灯火稀疏黯淡的地方发现了她。人们都在尽情狂欢,陶醉在热闹的场景中,只有她远离喧嚣,独自站在"灯火阑珊处"。可见"那人"的与众不同,一个不愿意随波逐流的形象出现在眼前。

虽然主角在最后两句才出现,但是交代的事件,大家已经明白了。这是一个痴情男子,在元宵节的晚上,出来找寻找自己的意中人,在热闹的人群当中没有找到,最后才发现原来意中人就在灯火阑珊处。

辛弃疾写这样一个不肯随波逐流、自甘淡泊的女性形象,是有所寄托的。多年来他一再力主抗战北伐,屡受排挤,但他矢志不移,宁可过寂寞的闲居生活,也不肯与投降派同流合污,他独自守在"灯火阑珊处",始终保持着一份清醒。

其实此时的辛弃疾已经对重上战场不抱什么希望了。他明白南宋朝廷断无收复北疆的雄心了。他想要改变,但是改变不了,所以由一开始内心的那种压抑愤懑到这里已经变成了一种无奈,而即便是在这样的无奈之中,他仍希望能够保留自己内心的一片精神家园,坚守自己的初心。辛弃疾虽然壮志难酬,但他没有绝望,在最后给这首词留了一个光明的结尾,找到了和自己志同道合的心上人,只是她在"灯火阑珊处"。这一点我是特别佩服辛弃疾的,历史上很多人都经历过贬谪,经历过各种各样的波折,而他们中的绝大部分人都选择了放弃。哪怕是苏东坡,他看起来在坚持,但实际上他的坚持是游离在体制之外的,他也承认自己是不合时宜的,只想把自己的日子过得更洒脱一些。但辛弃疾不是这样的，他是在绝望之处仍要找到希望。这样坚韧的毅力，是非常难得的。

王国维先生把这首词最后一句作为人生唯美的第三重境界，自是有他的深意。第一重境界是找到目标，第二重境界是不懈努力，那么第三重境界是告诉我们只要足够努力，终有一天，"蓦然回首"，你会发现你想要追求的那个目标，就在"灯火阑珊处"。世界上并没有所谓的"运气"，所有"好运"其实都是付出卓绝努力后的必然结果。

我们每一个人在人生中都会遇到很多的机会，但能不能抓住这个机会，能不能变成一个好运气，其实就是取决于自己努力的程度。希望大家都能成为一个能够抓住机遇，把握幸运的人。

《菩萨蛮·书江西造口壁》：在绝望中抱有希望

菩萨蛮·书江西造口壁

宋 · 辛弃疾

郁孤台下清江水，

中间多少行人泪。

西北望长安，可怜无数山。

青山遮不住，毕竟东流去。

江晚正愁余，山深闻鹧鸪。

1176年，辛弃疾在江西任提点刑狱，经常巡回往返于湖南、江西等地。途经造口（在今江西省万安县）时，登上郁孤台，望着奔腾的滔滔江水，想起从前金兵肆虐、百姓受苦的情景，不禁忧伤满怀，触景生情写下这首《菩萨蛮·书江西造口壁》，直抒胸中愁闷。

"郁孤台下清江水，中间多少行人泪"，郁孤台下这赣江的流水中，有多少苦难之人流下的伤心泪啊。"清江"词中代指赣江。"行人"就是曾经南来北往的大宋子民。词人把眼前赣江的流水和大宋子民在兵荒马乱中流下的眼泪联系在一起，突出当时百姓受到的极大痛苦。四十多年来，原先的大宋子民多么盼望着能恢复故土、统一祖国啊！然而，南宋小朝廷根本不打算收复失地，只想在杭州过苟延残喘、偷安一时的生活。此一江行人泪中，也有词人流下的悲伤愤恨之泪啊。

"西北望长安，可怜无数山。"往西北的方向远望长安，能看得到吗？肯定是看不到的。因为中间有无数的山峦叠嶂阻隔了视线。"青山遮不住，毕竟东流去。"青山能阻隔视线，却阻挡不住这赣江水滚滚东流。那大家能不能体会青山和赣江水在这里的象征意义？青山，是指当时朝廷的主和派和金国的军队。赣江水，指人心。从望不见长安到视线被无数山遮住，含有收复中原的壮志受到种种阻碍、无法实现的感叹。虽然主和派和金国的军队可以阻挡南北的统一，但是阻挡不住收复失地的人心，所以，这句话既有悲愤之情，也有对未来的希望。

"江晚正愁余，山深闻鹧鸪。"到了傍晚，正在发愁。愁的是什么？愁的是自己上不了战场，而此时背后山林深处传来鹧鸪的悲鸣声，鹧鸪是南方的一种鸟，从来不会飞到北方去，传说其啼声凄苦，发出的叫声好像是在说"行不得也——哥哥"，这一声鹧鸪悲鸣更加深了辛弃疾心中的愁闷。即便如此，他仍旧没有绝望，"青山遮不住，毕竟东流去"就是最好的证明。

辛弃疾的毕生志向就是北伐恢复大宋的统一，他有将相之才却无从施展，不管何时何地，何种物象，都会激发他的报国之志和悲愤之情。"青山遮不住，毕竟东流去"后世读来，也可以作更广义的理解：在人生遇到各种困难时，只要站在正确的一方，只要有坚定的信念，就如这一江清水，哪怕青山阻隔，也阻挡不了江水滚滚东流。历史大潮浩浩汤汤，谁能逆历史潮流而动呢？

《破阵子·为陈同甫赋壮词以寄之》：白头醉里看剑

破阵子·为陈同甫赋壮词以寄之

宋·辛弃疾

醉里挑灯看剑，梦回吹角连营。

八百里分麾下炙，五十弦翻塞外声。

沙场秋点兵。

马作的卢飞快，弓如霹雳弦惊。

了却君王天下事，赢得生前身后名。

可怜白发生！

辛弃疾的作品读起来，会让人觉得有苍凉壮美之感。这首《破阵子·为陈同甫赋壮词以寄之》，是四十八岁的辛弃疾在江西闲居，回忆早年的英雄事迹而作。题目中的"陈同甫"，指的是陈亮，辛弃疾好友，也是南宋著名的抗金义士。毫无疑问，这是一首豪放派作品，本来是豪情满怀，没想到最后五个字"可怜白发生！"急转直下，把辛弃疾身上的悲剧性，一下子凸显了出来。

"醉里挑灯看剑，梦回吹角连营。"开篇就非常豪迈。这种豪迈和李白不同，李白是一个会舞剑的诗人，而辛弃疾是一个会写词的将领，二十多岁就已经带兵打仗了。"挑灯"是把灯点亮，"看剑"就是抽出宝剑来，仔细地看。喝醉了酒，挑亮灯芯仔细端详自己的宝剑。人生失意，壮志难酬，没有办法再上战场杀敌。要想回到战场怎么办？只能"梦回吹角连营"，梦里回到当年的战争岁月。"吹角连营"是说军营的号角响成一片。那么军营里面的情景是什么样的呢？

"八百里分麾下炙"，"八百里"是一种特别健壮又很珍贵的牛。"麾下"即部下。"炙"就是烤牛肉，把珍贵的牛烤熟分给自己的部下食用，古人上战场打仗之前，要杀羊宰牛犒赏三军，鼓舞士气。这就是军营当中的豪迈之情。

"五十弦翻塞外声"，"五十弦"古代指有五十根弦的瑟，这里泛指各种军乐合奏。"翻"就是演奏。在李商隐的《无题》中"锦瑟无端五十弦"提到弦的数目不定，这里拿"五十弦"来指代瑟，手指在弦上翻飞。这一句意思是吹奏起雄壮的乐曲。

肉吃了，酒喝了，军乐也响起来了，接下来就是"沙场秋点兵"。"沙场"就是战场。在秋风猎猎的战场上，检阅着各路兵马，准备出征。整个上片把军营生活临战气氛表现得酣畅淋漓，没有真正军营生活的人是很难写出这种豪情的。

还没完，过片来一句"马作的卢飞快，弓如霹雳弦惊"。"沙场秋点兵"之后，就该出兵作战了。马像的卢一样跑得飞快，拉弓的声音就像打雷一样轰鸣。"的卢"就是的卢马，古代一种烈性的快马。三国时有这样的故事：刘备带兵驻扎在樊城（今湖北省襄樊市），刘表不信任他，请他赴宴，想在宴会上捉拿他。刘备发觉这个阴谋后，便乘机逃出。蔡瑁去追赶，当时刘备所乘的马名叫的卢，在渡襄阳城西檀溪水时，的卢溺在水中，走不出来。刘备非常着急地喊："的卢，我们有生命危险，快点跑啊！"于是，的卢马一跃三丈，渡过檀溪水，转危为安。这两句真是豪情万丈，读来让人热血沸腾。"马作的卢飞快，弓如霹雳弦惊"，这就是辛弃疾在战场上的真实生活、真实本领啊。

"了却君王天下事，赢得生前身后名。"这是辛弃疾作为一个战士、一个将领一辈子的志向所在。虽然辛弃疾年轻时功勋卓著，但因为生长在敌占区，就被那些保守派、主和派恶意中伤和打压，这一生都没有再上战场的机会。即便是面对种种诋毁和中伤，辛弃疾仍然想着"了却君王天下事"，然后"赢得生前身后名"，仍然没有放弃战场杀敌的使命与豪情。

最后一句急转直下，发出一声长叹，回到冰冷的现实，"可怜白发生！"从感情的高峰猛地跌落下来。那壮阔浩大的军容，横戈跃马的战斗，不过是一场梦。实际上，在苟安卖国的统治集团压制下，词人报国无门，岁月虚度，一句"可怜白发生"，包含了多少难以诉说的郁闷、焦虑、痛苦和愤怒啊！辛弃疾一辈子都在抗争，一辈子想的都是"了却君王天下事"，可是现实让他在这样的抗争中粉身碎骨。即便如此，辛弃疾恢复中原的爱国信念也始终没有动摇，他把满腔激情和对国家兴亡、民族命运的关切、忧虑，全部寄寓于词作之中，给后世留下了六百多首不朽诗篇。

南乡子·登京口北固亭有怀

宋·辛弃疾

何处望神州？满眼风光北固楼。

千古兴亡多少事？

悠悠，不尽长江滚滚流。

年少万兜鍪(móu)，坐断东南战未休。

天下英雄谁敌手？曹刘。

生子当如孙仲谋。

这首《南乡子·登京口北固亭有怀》，借三国时期的英雄人物抒发自己的豪情壮志，在豪迈之情背后蕴含着报国无门的满腔愤懑。京口北固亭是地名，京口就是现在的江苏省镇江市。北固亭的位置在南宋时候比较靠近宋金两国边境。当时辛弃疾在镇江做知府。镇江在历史上是英雄建功立业的地方，辛弃疾站在镇江北固亭上，远望已经沦陷多年的北国风光，心生感慨写下了这首词。

"何处望神州？满眼风光北固楼。"站在北固亭上举目远望，哪里能看到中原故土呢？尽收眼底的只有北固楼周围的一片美丽风光。当时南宋与金以淮河为界，所以辛弃疾站在南边往北边看，心中有一种特别的感慨。看着失去的疆土，对于辛弃疾这样一个胸怀理想的爱国主义者来讲，心中的感受是很难用言语来表达的。所以，开篇辛弃疾自问"何处望神州？"言外之意就是中原大地已经非我所有了。

"千古兴亡多少事？"从古至今，有多少朝代兴亡的大事呢？"悠悠，不尽长江滚滚流"往事悠悠，朝代更迭，如长江之水滚滚东流。辛弃疾借用杜甫《登高》中的句子"无边落木萧萧下，不尽长江滚滚来"来抒发自己心中不尽的愁思和感慨。曾经繁荣富庶的大宋王朝，身陷亡国灭朝的风雨飘摇之中，未来充满着不可知。在这样的情况下，辛弃疾看到长江水滚滚东流，感慨时光就像流水一样逝去了，而自己的志向一直都没有能够真正去实现。所以从"不尽长江滚滚流"就非常自然地过渡到了下阕。

"年少万兜鍪，坐断东南战未休。"说的是年轻时的孙权统领千军万马，意气风发。敢于与雄才大略、兵多将广的曹操较量，身经百战、雄踞江东，非常了不起。"兜鍪"就是头盔。"坐断"是占据。这两句通过赞扬孙权，来反衬南宋小朝廷偏安一隅的苟且偷生之态。

"天下英雄谁敌手？曹刘。"要问天下英雄谁是孙权真正的对手呢？只有曹操和刘备了。此处有一个典故，曹操在与刘备煮酒论英雄的时候曾说："天下英雄，唯使君与操耳。"意思是在曹操眼中天下真正的英雄只有刘备和他自己。辛弃疾借用这个故事，把曹操和刘备请来给孙权当配角，说天下英雄只有曹操、刘备才堪与孙权争胜。这句表面上是辛弃疾在极力突出孙权的英雄气概，实则是讥讽南宋统治者软弱无能，没有出一个像孙权那样有雄才大略的英雄人物。

最后一句，"生子当如孙仲谋"。此句出自《三国志》，是曹操的一句话："生子当如孙仲谋，若刘景升儿子，豚犬耳。"此句意思为生儿子就要生孙权这样的，刘景升的儿子不过就是猪狗罢了。辛弃疾在词中只引用了前半句，而略去了后半句，可谓意味深远。明眼人都能够看出来，辛弃疾这是将主和派讥讽为刘表的儿子，勉励南宋统治者应该像孙权那样胸怀大志、奋发图强，振兴父兄留下的基业，而不是偏安江南一隅，只顾眼前享乐。

辛弃疾站在北固亭上北望神州，心情是相当复杂的。空有一腔热血，怎奈报国无门。这也就不难理解辛弃疾为什么会近乎夸张地盛赞孙权，他其实是借孙权抒发北望的感慨，希望实现平生抱负，再建不世之功。只可惜，有心杀贼，无力回天！

《永遇乐·京口北固亭怀古》：三种感情的复杂糅合

辛弃疾

永遇乐·京口北固亭怀古

宋·辛弃疾

千古江山，英雄无觅，孙仲谋处。舞榭歌台，风流总被，雨打风吹去。斜阳草树，寻常巷陌，人道寄奴曾住。想当年，金戈铁马，气吞万里如虎。

元嘉草草，封狼居胥，赢得仓皇北顾。四十三年，望中犹记，烽火扬州路。可堪回首，佛（bì）狸祠下，一片神鸦社鼓。凭谁问：廉颇老矣，尚能饭否？

这首《永遇乐·京口北固亭怀古》，同样是辛弃疾脍炙人口的经典之作。它和《南乡子·登京口北固亭有怀》都讲到了孙权，也都引用了三国的典故。

"千古江山，英雄无觅，孙仲谋处。"这句话的语法结构和现代汉语不太一样，不是很容易理解。这一类打乱句子语法顺序的写法，在诗词中很常见。一方面是为了平仄押韵和格律的要求，另外一方面也是为了强调和加重语气。所以，要将一些句子进行倒装。调整语序以后，这句话应该是"无觅孙仲谋处英雄"。意思是在江南一带，割据称霸的英雄孙仲谋，现在已无处寻觅。"仲谋"是孙权的字，"千古江山"江山依旧在，但是像孙权这样当年称霸一方的英雄人物已经找不到了。"舞榭歌台，风流总被，雨打风吹去"这句话是抒发物是人非的感慨。"舞榭歌台"歌舞表演的地方，是指孙权当年君臣宴饮之所。"风流总被，雨打风吹去"经历了这么多年的风风雨雨，孙权当年的赫赫战功早已随风飘去。

"斜阳草树，寻常巷陌，人道寄奴曾住。"第二个历史人物出现，"寄奴"指的是南朝刘宋开国君主刘裕的小名。南北朝时期是中国一个大分裂的时期，刘裕在统一南方以后，数次北伐，在快要统一天下的时候病重去世。辛弃疾在这里讲到刘裕，很明显是在暗讽当时的南宋朝廷。虽然刘裕最终没能完成统一天下的大业，但是他那雄心壮志还是值得后人敬佩的。反观南宋的统治者与主和派，根本连往北边打的勇气都没有，偏安一隅，沉醉于声色犬马之中。所以，辛弃疾是在借古讽今。当时的辛弃疾已经年过花甲，北伐的建议仍未被重视，心灰意冷之下，也就不再顾忌，将自己的真实想法在词作中表达了出来。"斜阳草树，寻常巷陌，人道寄奴曾住。"这也是感怀历史人物。此句的意思为夕阳斜照下那条长满草树的普通街巷，就是人们所说的刘裕曾经居住的地方。"寻"和"常"是古时候的长度计量单位，八尺为一寻，"常"是"寻"的两倍。因"寻"与"常"有关，后来就被组成"寻常"一词，意思是平常、普通。

"想当年，金戈铁马，气吞万里如虎。"这句是说孙权和刘裕这两个人都是盖世英雄。稼轩借两位历史人物来讥讽当时的南宋朝廷。

"元嘉草草，封狼居胥，赢得仓皇北顾。""元嘉草草"也是用典，说的是刘裕的儿子元嘉帝刘义隆，想建立不朽战功，没准备好就仓促北伐，结果被北魏的太武帝抓住机会反攻南下，遭到了重创。辛弃疾在这里暗指隆兴北伐打得草率。"封狼居胥"是古代对一个武将功成名就的最高肯定，这里有一个典故，说的是西汉时霍去病攻打匈奴，取得大胜在狼居胥山举行了祭天封礼。"赢得仓皇北固"，指的是刘义隆最终失败了，仓皇逃命。实际上是暗指"隆兴北伐"的失败。

"四十三年，望中犹记，烽火扬州路。"四十三年了，我依然能够想起当年在硝烟弥漫的扬州一带战斗的情景。"扬州路"是指辛弃疾当年南归之路。"四十三年"，从1162年南归到1205年，前后大约四十三年。

"可堪回首，佛狸祠下，一片神鸦社鼓。"这个典故用的就比较深了，"神鸦社鼓"就是祭祀活动。"神鸦"是神殿里出现的乌鸦。"社鼓"是祭祀用的鼓，"佛狸祠"是纪念北魏太武帝的祠堂，太武帝拓跋焘的小名叫佛狸。他反击刘义隆，带领五路远征军一路南下，从黄河北岸一直打到长江北岸，在一个叫瓜步山的地方建立了行宫，这个地方就是佛狸祠。但是，北魏太武帝是南方的敌人，而现在的情况是佛狸祠香火旺盛，"一片神鸦社鼓"。老百姓都已经不记得这里曾是异族皇帝的行宫，还觉得是一个需要祭祀的地方呢，在此搞出各种各样的活动，弄得很热闹。辛弃疾是记得这个典故的，而整个朝廷都是健忘的，连把金国当作敌人的勇气都没有了。

"可堪回首"，你们已经忘了是怎么到南边来的吗？忘了"靖康之耻"这样的深仇大恨了吗？在辛弃疾的内心中充满了愤懑，这种愤懑在他看来是没办法化解的。因为"凭谁问：廉颇老矣，尚能饭否？""廉颇老矣，尚能饭否？"是一个很有名的典故，出自《史记》的《廉颇蔺相如列传》。廉颇是一位老将军，赵王想要重新起用他出来打仗，但是他毕竟年纪大了，不知道能不能担此重任，于是就派人到廉颇家里去了解情况。廉颇为了向赵王证明自己还有力气上战场，一顿饭吃了一斗米，十斤肉，以示自己身体依然健壮。辛弃疾在这里自比廉颇，表明自己虽然老了依然还能上战场的心志。无奈的是根本就没有人到家里来问一问，词人借此感慨自己还不如老年的廉颇。我相信，如果这时候南宋朝廷真的派人去请辛弃疾出山，他一定会拼着这把老骨头毅然决然地上阵杀敌。因为这不仅是国恨家仇，还是辛弃疾一生的志向。而现实是他到死都没有遇到这样的机会。

在辛弃疾豪情壮志的背后，有多少不足为外人道的苦闷啊！因理想破灭而生的愤懑；对朝廷的恨铁不成钢；对国家的真挚热爱，正是这三种情感汇聚成了这样一首千古名作。

心在天山，身老沧洲

陆游的诗是中小学语文课本里的"熟面孔"，学校老师讲陆游，总离不开"爱国诗人"四个字。

陆游生逢北宋灭亡之际，少年时深受家庭爱国思想的熏陶，立志报国，一生笔耕不辍，诗词文皆有很高的成就，对后世影响深远。他一辈子做官，也一辈子被贬官，升迁贬谪交替往复。初入官场是在秦桧死后，当时官做得也算四平八稳。此后宋孝宗继位，陆游被任命为枢密院编修，赐进士出身。他希望报效国家，好好干一番大事业，所以向宋孝宗上书，建议整顿吏治，整治军纪，固守江淮，慢慢再去图谋北伐恢复中原。可南宋当权者游治江南，日子过得挺舒服，根本不重视陆游的提议。江南日子这么好，你还老提收复中原这种苦哈哈的事，皇上也挺不乐意的。君臣不同频，陆游也没辙，但牢骚自然是有的，一个不小心，在皇上的近臣张焘面前就流露出了批评皇上的意思，张焘仗着自己跟皇上走得近，竟然入宫质问皇上，结果龙颜大怒，把陆游贬为镇江府通判。

被贬官以后，陆游并没有自怨自艾。他在镇江结识了张浚，张浚也是主张北伐的，两人很聊得来。到隆兴年间，陆游又豪情满怀地向皇上献策，要出征北伐，张浚对他非常欣赏和支持。但由于隆兴北伐失败，主和派在朝中占了上风，而且孝宗自己也倒向了主和派。就这样，主战的陆游又被贬官，贬为建康府通判，去了南京。人家做官越做越大，四十多岁的陆游却在官场越混越惨，谁让他总不肯顺着皇上的心意呢。陆游性格中本有豪侠之气，再加上读书人的清高，所以说起话来直截了当，得罪了不少人。于是就不断有人弹劾他，说他结交贱官鼓唱是非，说他放荡不羁，言辞狂妄，不知天高地厚。面对小人的诋毁，陆游干脆自号"放翁"，"何方可化身千亿，一树梅花一放翁"，你们不是都说我狂放吗，得了，我就当一个狂放的老头儿！

殊不知，陆游狂放的背后，是一种深深的无奈。他和辛弃疾一样，很想策动北伐，建功立业、光复神州，但现实的政治环境不允许，反倒把他后半生的时间精力消耗在官场的政治争斗当中。陆游曾写过《平戎策》，提出要收复中原必先取长安，要取长安必先取陇右，要取陇右就要积蓄粮食训练士兵。当时陆游在四川宣抚使王炎幕府任职，王炎被皇上派到川陕，驻军南郑，有军职，能带兵。陆游很高兴，觉得自己又有机会报效国家、干一番事业了。可当时的官僚体制根本没有给他发挥的空间，没多久，朝廷停止北伐，王炎直接被召回，军队被裁撤，陆游兴冲冲写的《平戎策》也不了了之了。

如果说陆游的贬谪是因他的狂放和政治主张，而他的升迁，却是因为皇上器重他的才气。南宋是古代学术、

艺术的一个转折点，诗书画都可以以南宋为分界，陆游正处在这样的年代，不论他的价值观，从政作诗，还是一笔书法，在当时乃至后世看来均属主流。陆游七十多岁的时候，蒙皇恩进京修史，就是对他文章人品的肯定和认同。皇上知道这个人有能耐、有水平，但也不过是让他修修国史，帮着皇家打点门面。皇上见了陆游，也不乐意和他讨论军国大事，聊什么呢，聊作诗，皇上专门找他谈论诗词。政治是政治，艺术是艺术，我们聊艺术，政治就不要再提了。陆游一心光复中原的政策主张也就再也无从实现了。在编修国史的时候，不知陆游有没有意识到，其实自己成了南宋王朝的一张面子，堂而皇之贴出来，不过是为了让史书变得漂亮一些。哦，补充一点，据说陆游后来整理《剑南诗稿》，也有皇上鼓励的原因。

　　陆游做官不是为了升官发财，而是希望做出一番事业。他每一次被起用，都一门心思给皇帝上书，请求北伐，收复失地，他是一心为了自己热爱的这片土地，为了国家和民族的尊严。

　　所以再读放翁临终前的几首诗，便愈发显出悲痛来。一个"僵卧孤村"的糟老头子，竟还在"铁马冰河入梦来"，这不是陆游的悲剧，这是对南宋朝廷的嘲讽，是孱弱民族的挽歌。

　　可叹放翁狂放一生，却终究"心在天山，身老沧洲"。原盼着"家祭无忘告乃翁"，谁曾想，九泉之下，再也等不到"王师北定中原日"。这样的爱国，换来这样的结果。读诗到此，只能掩卷一声长叹了。

陆游

考试第一，却没上榜

　　陆游是南宋时期非常重要的一位诗人。说重要，不仅因为陆游诗写得好，也因为陆游存世的诗作量大。推算下来，陆游一辈子写了近四万首诗，仅《剑南诗稿》一本诗集中，就有九千多首。要知道，《全唐诗》收录的诗歌总数也不过四万八千九百首，陆游一本诗集里的作品量就相当于全唐诗的百分之十八。

　　陆游1125年出生，两岁的时候发生了靖康之变，北宋灭亡。一出生就面临动荡的政局，再加陆游的祖父和父亲都是朝廷官员，一直主张抗金，所以陆游从小就被深深地打上了爱国的烙印，这也成为陆游大量作品的主要感情基调。其实陆游如果不是出生在北宋末年，以他的才情，也许他的作品会有更多异彩纷呈的主题。不过，也正是时代打下的烙印，形成了陆游诗作鲜明的风格，特殊的时代，既局限了陆游，也成就了陆游。

陆游出身江南名门，书香门第。陆游的高祖曾做过吏部郎中，他的祖父还是王安石的学生。陆游的父亲叫陆宰，做过京西路转运副使。1125年，陆宰入朝述职，陆游就出生在船上。1125年的冬天，金国开始发兵攻宋，1127年北宋灭亡。这两年期间，陆宰就带着一家人举家南逃，逃回了他们的老家浙江绍兴。那时南方没有战祸之苦，南宋在杭州建立了朝廷，陆游一家就安顿在浙江了。

陆游从小就很聪明，十二岁就能写诗。因为他的祖父对国家有功，所以在他十二岁的时候就被封了个登仕郎的散官，当时叫恩荫入仕，就是皇上奖赏对国家有功之人，给他家孩子也封个爵位，是皇恩浩荡的展现。之后陆游在二十八岁的时候去临安参加科举考试。不过当时他参加的科举考试和一般科举考试不一样，叫做"锁厅试"。这个"锁厅试"是宋代科举的一种补充形式，是专门为已经入仕为官者或有爵禄者搞的应进士试。当时的主考官叫陈之茂，给陆游评了个第一名。陆游十二岁就能写诗，之后又苦读了十几年，以他的能耐来讲，取得第一名并不奇怪。但正是因为这个第一名，惹出麻烦来了。

　　当时跟陆游同科考试的，有一个叫秦埙的人。这人正是南宋权臣秦桧的孙子。陈之茂性情耿直，秉公办事，把陆游录取为第一名，把秦埙排到后头去了。考试名次一公布，秦桧不满意了：我孙子这么厉害，竟然还有人比他高？于是秦桧弄权，欲降罪主考官，排名第一的陆游自然就跟着倒霉了。第二年陆游再来参加礼部的考试，秦桧记恨陆游，还是没录取他。据说是秦桧专门指使了第二年礼部考试的主考官，不让他录取陆游。陆游遭了秦桧的记恨，这还怎么通过科举考试做官呢？就算考上了，做了官，也是跟秦桧同朝为官，那还不被秦桧狠狠修理？没辙，自认倒霉吧。不过，陆游的运气还不算太差，1155年，那位阻碍他进步的权臣秦桧因病去世，陆游终于有机会步入仕途，但高宗执政时期，主和派把持朝政大权，所以力主抗金的陆游一直被排挤打压，直到孝宗即位，陆游受到赏识，这才有了进士的身份，而此时的陆游已经快四十岁了。

《卜算子·咏梅》：郁闷后的自比

卜算子·咏梅

宋·陆游

驿外断桥边，寂寞开无主。

已是黄昏独自愁，更著风和雨。

无意苦争春，一任群芳妒。

零落成泥碾作尘，只有香如故。

这首《卜算子·咏梅》多次被选入语文课本，作者是陆游，为什么要特别强调作者是陆游呢？因为还有另外一首《卜算子·咏梅》，是我们的开国领袖毛泽东主席写的。据记载，毛泽东主席在读到陆游的这首词时，曾经写下这样一个批注：伤北伐不成而记。受到陆游这首词的启发，毛泽东也创作了一首《卜算子·咏梅》：

风雨送春归，飞雪迎春到。已是悬崖百丈冰，犹有花枝俏。俏也不争春，只把春来报。待到山花烂漫时，她在丛中笑。

毛主席的《卜算子·咏梅》主旨和陆游相反，反其意而用之，所表达的思想也要乐观得多。今天我们先来赏析陆游的这首《卜算子·咏梅》。

陆游一生酷爱梅花，将其作为一种精神载体来歌颂，梅花在他的笔下成为坚贞不屈的象征。联系陆游的生平不难理解，词中的梅花正是作者自身的写照。陆游虽然出身名门，但是一生坎坷，出生于宋徽宗宣和七年（1125年），正值北宋摇摇欲坠、金人虎视耽耽之时。不久随家人开始动荡不安的逃亡生涯，"儿时万死避胡兵"是当时的写照，他在幼小的心灵深处埋下了爱国的种子。年轻时参加科举考试，成绩优异却接连被权倾一时的秦桧打压。仕途也并非一帆风顺，几起几落。他到过抗金前线，身着戎装投身火热的战斗生活，那壮怀激烈的战斗场面和收复失地的强烈愿望成为其诗歌中最为动听的主旋律。然而南宋朝廷偏安一隅，对眼前的剩水残山颇为满足，即使有时不得不作出些北伐的姿态，也是为了掩人耳目，心不在焉。陆游两次被罢官，力主抗金是最主要原因所在。尽管爱国热忱屡遭打击，但陆游的志向始终不渝。《卜算子·咏梅》正是一首"以梅寄志"的咏物之作，那"零落成泥碾作尘，只有香如故"的梅花，寄托了放翁面对寒冬之境的不懈抗争和对胸中抱负的坚贞不渝。

"驿外断桥边，寂寞开无主"，其中"驿外"就是驿站外面，"断桥"是断掉的桥，残破的桥。荒凉的驿站外面，断桥旁边，一株不属于任何人的梅花在凄风苦雨中独自开放，无人来欣赏。与其说陆游是在写梅花，不如说就是在写他自己。主张北伐屡屡不被皇上重视，甚至被朝廷打压，成为那个软弱无能的南宋王朝的一颗弃子。

空有一腔报国热忱而无处施展,这是一种怎样寂寞而激愤的心境啊。

"已是黄昏独自愁,更著风和雨",身处荒僻之地的梅花,无人关心,还要遭受风雨的摧残。尽管环境如此冷峻,梅花还是开了。其倔强、顽强已不言自明。黄昏时分,日落西山,黑暗将临,风雨欲来,所以诗人愁的是什么?愁的是个人命运,整个家族的命运,更是大宋王朝的命运。

"无意苦争春,一任群芳妒",梅花并不想费尽心思去争艳斗宠,对百花的妒忌与排斥毫不在乎。正像梅花"无意苦争春"一样,陆游对小人的诋毁、误解也一概不予理睬,而是"一任群芳妒",听之任之,走自己的路,让别人去说吧!"群芳"在这里代指"主和派"小人。这两句表现出陆游性格孤高,决不与阿谀逢迎之徒为伍的品格和坚贞自守的崚嶒傲骨。

"零落成泥碾作尘,只有香如故",即使凋零了,被踏为泥土、碾作灰尘,梅花那特有的清香依然如故。表达了作者不论朝廷主和派对其怎样谩骂攻击,都以不变应万变,绝不媚俗,自己一心为国的信念矢志不渝。即使花落了,化成泥土了,轧成尘埃了,我的品格、我的气节都会像历代仁人志士那样永驻人间。

《剑门道中遇微雨》：征尘与酒痕，骑驴入剑门

剑门道中遇微雨

宋·陆游

衣上征尘杂酒痕，

远游无处不消魂。

此身合是诗人未？

细雨骑驴入剑门。

这首《剑门道中遇微雨》写于1172年，当时陆游从陕西前线调回四川成都。所谓在前线，是说他在四川宣抚使王炎的幕府中做参谋。此前，他还写过《平戎策》，想在军事重镇、边境要塞建立功勋。但最后的结果是，领导王炎自己都下岗了，陆游的《平戎策》自然也被弃之不用。朝廷把他从南郑调到成都，看起来挺安逸，其实让陆游很失落。剑门就在今四川剑阁县北。陆游从南郑到成都要路过剑阁，途中遇到下雨，就写了这首诗。

"衣上征尘杂酒痕"，衣服上除了征尘还有不小心

酒上的酒的痕迹。出征在外喝酒是非常豪迈的，古代军队当中有战前喝酒壮行的习惯。所以这一句写自己前几年在前线的经历。

"远游无处不消魂"远行经过的地方没有一处不让人感伤。"消魂"是指神情恍惚的样子。陆游在南郑的时候希望成就一番事业，但是没能如愿，被调往成都做个闲职，虽然生活安逸了，虽然没有了"征尘"和"酒痕"，但壮志难酬，报国无门，心情自然是不太好的。

第三句转出来问自己"此生合是诗人未？"我生下来就注定只能是个诗人吗？就天天在这写诗吗？陆游希望自己不仅仅是一个诗人，他更希望能够上战场报效国家。这一点上他跟辛弃疾很像，辛弃疾比陆游小十几岁吧，两人是在山阴道中携手前行的知己，虽然经历不同，但都是主张抗金，充满家国情怀的。

"细雨骑驴入剑门"在细雨中骑着一头小毛驴进入剑门。骑驴本是诗人的雅兴，李白、杜甫等都有骑驴的诗句或故事。晚唐诗僧贯休从杭州骑驴入蜀，写下"千山千水得得来"的名句。所以"骑驴入蜀"自然就让人想到诗人，于是陆游自问"此生合是诗人未？"对我来说到底什么事情是最重要的，难道就是做一个诗人吗？其实这其中透露出种种无奈和不甘。

这首《剑门道中遇微雨》每一句都写得特别好，我特别喜欢第一句和最后一句。"衣上征尘杂酒痕"这句话把很多的人生阅历都融合在一起，最后一句"细雨骑驴入剑门"也非常有画面感，微微细雨中一个老头骑着一头小毛驴进入剑门，这番意境，足以入画。

《游山西村》：柳暗花明又一村

游山西村

宋 · 陆游

莫笑农家腊酒浑，丰年留客足鸡豚。

山重水复疑无路，柳暗花明又一村。

箫鼓追随春社近，衣冠简朴古风存。

从今若许闲乘月，拄杖无时夜叩门。

《游山西村》是陆游的经典作品。这首七言律诗，平仄格律的严谨水准，是可以比肩杜甫的。其实每一个诗人擅长写的格律并不相同，李白擅长写乐府诗，王维最擅长的是五言绝句和五言律诗，杜甫擅长七言律诗。

写这首《游山西村》时陆游四十二岁，被罢官后闲居在山阴老家，略有些心灰意冷，但是以陆游的性格是不会完全丧失信心的，他是个很积极向上的人，即使身处逆境，依旧保持乐观。"无意苦争春，一任群芳妒"不就体现了心中的那份骄傲吗？这首《游山西村》也是一样，贬官后赋闲在家却依旧可以看到"山重水复疑无路，柳暗花明又一村"，丝毫没有消沉，反倒更显乐观旷达。陆游一生虽波折不断，但在他的作品里，却总能看到光明的一面，非常难得。

先看标题，"山西村"在哪儿呢？当时陆游住在绍兴城南的镜湖三山，三山旁边有一个村子叫"西村"，所以标题的"游山西村"应该读作"游——山——西村"，实际上游的是三山边上的"西村"。

"莫笑农家腊酒浑"，不要笑话农家自酿的酒浑浊，"笑"就是笑话、嘲笑，"腊酒"是指腊月酿造的米酒，因为酿制工艺的关系，一般家酿的酒都有些浑浊。我们在江南古镇看到农家家酿的米酒，因为没有经过提纯，都是浑的。"丰年留客足鸡豚""丰年"就是丰收的年份，"留客"就是把客人留在自己家，好好招待，"足鸡豚"是说要鸡有鸡，要猪有猪。这句写农家的热情好客，虽然腊酒是浑浊的，但我们有鸡肉、有猪肉，照样可以喝得有滋有味。

"山重水复疑无路，柳暗花明又一村。"一座座山一道道水重重叠叠，看起来都好像找不着路了，正迷茫之际，突然前面柳暗花明，几间农家茅舍，隐现于花木之间，顿觉豁然开朗。这里描写的是诗人置身山阴道上，信步而行，疑若无路，忽又开朗的情景，不仅反映了诗人对前途所抱的希望，也道出了世间事物消长变化的哲理。这句话太符合我们人生中的某些境遇了，往往在你觉得前途迷茫，看不到前路在哪里的时候，再坚持一下也许就能"柳暗花明又一村"。陆游这里绝不仅仅是在写景色，其实在通过这样的句子写自己对未来的期许。貌似闲适，却仍心系国事。虽然当朝者软弱无能、目光短浅，自己备受打压，然而诗人并未丧失信心，深信总有一天会"柳暗花明"。

"箫鼓追随春社近，衣冠简朴古风存"，你吹着箫，我击着鼓，结队喜庆，春社祭日即将临近，简朴的衣服和帽子也别有一番风味。"箫鼓"就是吹箫打鼓，"春社"是一个古代的民俗节日，是立春以后的第五个戊日，祭祀土地神和谷神，祈求风调雨顺的日子。这里以"衣冠简朴古风存"，表达出他对这片土地和百姓的热爱。

"从今若许闲乘月，拄杖无时夜叩门"，以后我有空闲的时候，一定挑一个有月光的晚上，拄着拐杖来这里一户户敲门拜访。"乘"是趁着，"拄杖"就是拄着拐杖，"无时"就是随时。但愿从今以后，能不时拄杖乘月，轻叩柴扉，与老农把酒言欢，此情此景，不亦乐乎。一个热爱家乡、与百姓亲密无间的诗人形象跃然纸上。陆游在官场不顺的大背景下，内心始终怀着"柳暗花明又一村"的期待，能够在农村生活当中感受到自己未来的希望，这样乐观积极的人生态度，很值得我们学习。

《病起书怀》：怀念孔明《出师表》

病起书怀

宋 · 陆游

病骨支离纱帽宽,孤臣万里客江干。

位卑未敢忘忧国,事定犹须待阖棺。

天地神灵扶庙社,京华父老望和銮。

出师一表通今古,夜半挑灯更细看。

这首《病起书怀》,写于1176年,这时的陆游已经五十二岁了,被免官后病了二十多天,移居成都西南的浣花村,所以标题里说"病起"。"书怀"就是写自己的情怀和抱负。病愈后的陆游仍为国担忧,想的依然是保家卫国、上战场。因为遭到主和派诋毁,说他太狂放,所以被弹劾,贬官。一般人贬官以后都是自怨自艾,陆游贬官后想的却是国家怎么办?百姓怎么办?

"病骨支离纱帽宽","病骨"是说他多病瘦弱的身躯,"支离"是憔悴不堪的样子,"病骨支离"就是说我现在大病初愈,十分憔悴。到什么程度呢?"纱帽宽",戴了一个帽子,都觉得帽子大了,帽子是不会变大的,陆游瘦了所以显得帽子变大了。

"孤臣万里客江干","臣"是说他自己,"孤臣"是说自己孤立无援,不受重用。"江干"是江边、江两岸,"客江干"就是免官居四川,一时也回不了绍兴,在这里就成一客人了。其实第一联是有一点牢骚的,但紧接着到颔联牢骚就全没了。

"位卑未敢忘忧国,事定犹须待阖棺",豪情满怀一下子就来了。这两句是这首诗中的名句。"位卑未敢忘忧国","位卑"是指地位卑下,"忘忧国"是忘却对国家的忧虑,这句话的意思是我虽地位低下却从未敢忘却忧国忧民的责任。

"事定犹须待阖棺","阖棺"就是把棺材盖上,在这代指死亡。诗人感慨平定中原也许要到自己死以后了,不知道我还能不能看到那一天。陆游从小受家庭爱国主义的影响,为国家抛头颅洒热血,付出生命的代价也在所不惜。颔联很有名,尤其是前半句"位卑未敢忘忧国",很多人在一些特殊的场景都会去引用,来表现出自己心系家国的思想感情。

"天地神灵扶庙社,京华父老望和銮","庙"是指宗庙,"社"是指社稷,"庙社"是皇帝的宗庙,在这里代指国家。期待天地神灵都来帮助南宋朝廷。"京华父老望和銮"前面说的是"天地神灵",后面对仗的是"京华父老"。"京华父老"说的是京城的父老乡亲们,"和銮"是车上的铃铛,这里是指君主御驾亲征收复祖国山河。当时都城汴京已经沦陷到金人手中了,所以父老乡亲们盼着皇上御驾亲征，重新打回汴京城去。这句话读起来就特别有感慨，天地神灵哪会来匡扶庙社呀？天地神灵怎么会在乎是谁当政呢？但是京城的父老乡亲们是真心希望南宋朝廷能够收复故土，可偏偏主和派当权，皇上御驾亲征收复国土的景象是看不到了。"天地神灵扶庙社"只是诗人的一种殷切期盼罢了。

"出师一表通今古，夜半挑灯更细看"，"出师一表"说的是诸葛亮的《出师表》，陆游的作品当中多次提到《出师表》，相信他内心是十分佩服孔明先生鞠躬尽瘁死而后已的精神的，并以此来自我要求，希望自己能够有机会成为像诸葛亮那样的人物，所以他才会大半夜的拿出《出师表》来细细品读。诸葛亮是有机会的，因为刘备信任他。但陆游却得不到皇上的信任，一生都没有获得诸葛亮那样的机会，想来，半夜挑灯读《出师表》的陆游，心里不仅羡慕，还有更多不平吧。

《钗头凤》：凄美的爱情故事

钗头凤

宋·陆游

红酥手，黄縢酒，满城春色宫墙柳。

东风恶，欢情薄。

一怀愁绪，几年离索。

错，错，错。

春如旧，人空瘦。泪痕红浥鲛绡透。

桃花落，闲池阁。

山盟虽在，锦书难托。

莫，莫，莫！

陆游写词比较少，但是流传下来的这几篇词作都是脍炙人口。这首《钗头凤·红酥手黄縢酒》就是千古流传的佳作。讲这首词之前，我们先了解一下它背后那个凄美的爱情故事。

故事发生在绍兴的沈园，女主角叫唐琬。唐琬是当时绍兴唐姓士族的大家闺秀，是个才女，能写能画。算起来，唐琬是陆游的表妹，陆游二十岁时娶唐琬为妻，两人情趣相投，天天吟诗作对，几乎形影不离，感情不是一般的好，但是陆游的母亲望子成龙，看不惯二人过于缠绵于温柔乡中，认为唐琬耽搁了自己儿子的前程。加之唐琬婚后无所出，也就是没有生小孩，于是陆母就拿这个理由逼着陆游休妻，棒打鸳鸯，硬生生把一对琴瑟和鸣的恩爱夫妻给拆散了。陆游在母亲的主导之下又娶了王氏，唐琬后来也改嫁给赵士程。赵士程也是绍兴人，追求了唐琬很长时间，结婚以后，对唐琬特别好。

陆游和唐琬被棒打鸳鸯之后，又各自成家再也没有来往。那么这和咱们今天要讲的《钗头凤》有什么关系呢？原来两人再婚七年以后的一个春日，偶然在沈园中相遇，彼此都是感慨万千，一时竟不知说什么才好。陆游就在沈园的墙壁上写了这首《钗头凤》，表达对唐琬的眷恋和思念之情。据说此番重逢勾起了唐琬心中愁苦，不久之后便郁郁而终。这是这首词的由来。

"红酥手，黄縢酒"写出了陆游对当年夫妻美满生活的回忆。"红酥手"是指女子柔嫩的手，这里代指年轻时的唐琬。"黄縢酒"估计是黄酒，黄酒是绍兴的特产之一，"黄縢酒"是宋代官酒，用黄纸作为封盖封在上面。

"满城春色宫墙柳"，虽说春色满城，而你却早已像宫墙中的绿柳那般遥不可及。"宫墙"是挨着皇宫的一段围墙。为什么南宋时候绍兴会有皇宫呢？因为南宋的都城在杭州，绍兴算是陪都，所以绍兴有一段城墙就叫宫墙。

"东风恶，欢情薄"，"东风"在这里代指陆游的母亲，"恶"，说明了陆母拆散二人的强硬态度。强行把夫妻二人拆散，曾经的欢乐不再。

"一怀愁绪，几年离索"，"离索"就是离群索居的生活，陆游满怀的离愁别绪。两人明明相爱却被迫分开，几年来的别离带来满腹愁怨，正如这烂漫的春花，被无情的东风摧残，凋零飘落。

"错、错、错"，到底是在说谁错呢？或许他们俩的爱情本身是错的，或许母亲的做法是错的，亦或是在责备自己当时听母亲的话与唐琬分手是错的。

"春如旧，人空瘦，泪痕红浥鲛绡透"，春光还跟以前一样，人却瘦了，胭脂就着眼泪渗到手帕上留下一块块红印。"鲛绡"是指薄纱做的手帕，传说是鲛人织的布，特别薄，后来一般指薄纱。春天不会因为我们的分开变得悲伤起来，陆游天天想着唐琬，所以日渐消瘦，唐琬也一直思念着陆游，所以眼泪沾湿了手帕。其实应该是"泪痕红浥透鲛绡"。

"桃花落，闲池阁。山盟虽在，锦书难托"，"池阁"是指沈园大水池前的楼阁，"锦书"指写在锦帛上的书信。桃花被风吹落，洒满清冷的池塘楼阁。曾经的海誓山盟还在，可是现在一片赤诚之心却无处表达。百感交集中难以名状的悲哀涌上心头。

"莫、莫、莫"，罢了、罢了、罢了！事已至此，再也无法挽回，除了说一句罢了，还能怎么样？人生不如意事十常八九，在一个专制的时代里，追求爱情而不可得，也只能"罢了"。有情人却不能终成眷属，真的是人生的一大悲剧！

《小园》：行遍天下归田园

小 园

宋·陆游

村南村北鹁鸪声，
刺水新秧漫漫平。
行遍天涯千万里，
却从邻父学春耕。

　　《小园》是组诗，共有四首。这是我最喜欢的一首，极富恬淡的农耕气息，文字也特别简单，但是简单中又透露出一些作者的心潮起伏。

　　《小园》是陆游五十七岁回到绍兴时写的，此时他又被贬官了。陆游一生在官场起起伏伏，在贬官期间写了大量作品，比如 1153 年，仕途不顺，写出了《卜算子·咏梅》；1167 年，第一次贬官写了《游山西村》；1172 年，第二次贬官，写出《剑门道中遇微雨》；1176 年，又一次贬官写出《病起书怀》。1180 年前后，陆游再一次被贬官,从江西回到山阴后,写下了这首《小园》。

"村南村北鹁鸪声",这一句浅显易懂,意思是村南村北都听到鹁鸪的叫声。"鹁鸪"是一种鸟。

"刺水新秧漫漫平",刚刚插的秧苗露出水面,都差不多高。"新秧"是指刚刚插下去的秧苗。大家应该见过插秧,就是光脚站在稻田里,田里的水刚刚漫过脚掌,把秧苗就着水插到泥地里。新插上去的秧苗,不会全淹在水里的,会稍稍露出水面一部分,高出水面一点点,这就叫"刺水"。

第一句和第二句写的是春天江南水稻田边的情景,是典型的农村景色。但陆游是种地的人吗?不是的,他宦海沉浮大半生,应该是不太会种地的。所以"刺水新秧漫漫平"应该是他看到的情景。这时候陆游已经快六十岁了,奋斗了一辈子也没有奋斗出什么结果,皇上已经不跟陆游聊天下大事,只跟他聊诗词了。陆游最后一次做官是编修国史,所以这个时候的陆游其实内心还是挺郁闷的,他一心报国,但是根本没有机会,只能回家种地。这个巨大的落差使得他心绪难平。

果然,最后一句就表现出来了。"行遍天涯千万里",此句的意思是我也走了那么多路了,从杭州被安排到四川做官,后来有机会到陕西抗战前线去,后又辗转数地,可以说绕了大半个中国。就是这样一个读万卷书又行万里路的老先生,到头来只能老老实实跟着隔壁邻居去学种地。这里面有极大的落差感,这种落差感我们读诗的人都能感受到。陆游不是那种特别愿意发牢骚的人,所以只能将满腹心思化作一句"却从邻父学春耕",这并非闲适、豁达、历尽沧桑后的返归淡然,而是一种自我解嘲的愤愤不平。

《书愤》：内心愤懑难抒

书 愤

宋·陆游

早岁那知世事艰,中原北望气如山。

楼船夜雪瓜洲渡,铁马秋风大散关。

塞上长城空自许,镜中衰鬓已先斑。

出师一表真名世,千载谁堪伯仲间!

这首《书愤》作于1186年,这时候的陆游已经被贬官六年,挂了空衔在故乡谪居。南宋的山河早已支离破碎,宋孝宗已经放弃北伐。但是陆游这一代有家国情怀的人是无法接受的,在这种形势与心境之下,陆游写下这首《书愤》。

"早岁那知世事艰,中原北望气如山。"诗人当年亲临抗金第一线,北望中原,收复故土的豪情壮志,信念坚定如山。当英雄无用武之地时,就容易回到金戈铁马的记忆里去。想当年,诗人北望中原,收复失地的壮心豪气,有如山涌,那时未曾想过杀敌报国之路竟会如此艰难。

"楼船夜雪瓜洲渡,铁马秋风大散关。""楼船指宋军的战船。"瓜洲"是与镇江隔江相对的防御要镇。"铁马"即披着铁甲的战马。"大散关"在今陕西宝鸡西南，是当时宋金的西部边界。这两句写陆游三十七岁在镇江府任通判和四十八岁在南郑王炎幕府做事的时候。陆游为镇江通判时，支持张浚用兵，准备北伐。他在镇江前线，雪夜遥望瓜洲渡口和宋军战船，满怀收复故土的希望；在南郑前线时，乘秋风跨铁马，驰骋大散关。但不久王炎就被调回京城，陆游北伐恢复故土的愿望又一次落空。这两句追忆辉煌的过去与"有心杀贼，无力回天"的眼前形成鲜明对比。

"塞上长城空自许，镜中衰鬓已先斑"，这里有一个典故，南朝时刘宋名将檀道济曾自称为"万里长城"。皇帝要杀他，他说："自毁汝万里长城。"陆游以此自许，可见其少年时捍卫国家、扬威边地的志向之远大。陆游不但是诗人，他还是以战略家自负的，可惜壮岁已逝，壮志未酬而人已两鬓斑白，"长城"只能是空自期许。一个"空"字，大志落空，奋斗落空，一切落空！何等悲怆！

"出师一表真名世，千载谁堪伯仲间？"，老骥伏枥，壮心不死，陆游仍旧渴望能像诸葛亮那样"鞠躬尽瘁"，干一番大事业。"名世"是说名传后世。千百年来谁能跟诸葛亮比肩？"伯仲"本意是兄弟之间的排序（老大为伯，老二为仲），后用来比喻人物不相上下难分优劣。三国演义里诸葛亮六次北伐（实际历史上是五次），虽然最后功亏一篑，但是千古留名。陆游内心深处希望自己能够像诸葛亮一样得到皇上的重用，只可惜，他没有遇到像刘备信任诸葛亮那样信任自己的主君。

"早岁那知世事艰"，却终有胆量说"千载谁堪伯仲间"，把一生留给历史公断。

《临安春雨初霁》：明媚春光中的落寞

临安春雨初霁

宋·陆游

世味年来薄似纱，谁令骑马客京华？
小楼一夜听春雨，深巷明朝卖杏花。
矮纸斜行闲作草，晴窗细乳戏分茶。
素衣莫起风尘叹，犹及清明可到家。

这首诗写于1186年。临安即杭州，"初霁"就是雨后天晴。当时陆游奉诏入京接受严州知州的职务。赴任之前，先到临安去觐见皇帝，暂时住在西湖边上的一个客栈中听候召见，就在等待的时间里写了《临安春雨初霁》这首广为传诵的名作。

"世味年来薄似纱"，"世味"是指人世间的种种况味，此句的意思是多少年来，世上的人情淡薄似纱，世事经不起细细琢磨。这时陆游六十二岁，已经饱尝世态炎凉、人情冷暖。经过了好几次被贬官，这次又召他回来做官，他其实已经有点意兴阑珊了。这次做官也没做多久，大概只有四五年时间。1190年，他又被贬了，理由和苏东坡差不多，说陆游不拘礼法，还天天想着北伐。其实陆游这一回出来做官还心存光复故土的雄心壮志，虽然他也知道希望很渺茫。皇上和主和派的文武百官在杭州过着舒服的日子，没几个人再想去吃苦打仗了。

"谁令骑马客京华？"谁下令让我骑着马到京华作客？一个"客"字把自己与这个喧嚣繁华的京都划清了界线。长期宦海沉浮，壮志未酬，陆游发出这样的悲叹，我们也可以体会到背后的无奈。

"小楼一夜听春雨"，昨天晚上一个人坐在客栈的小楼上听着淅淅沥沥的春雨声。这句写春天的景象，不是看到的，是听到的。从中可以看出陆游一晚上没睡好。家愁国事伴随着连绵的雨声涌上心头，让他彻夜未眠。"深巷明朝卖杏花"，杏花经不起风雨的摧残，纷纷掉落，清晨听到幽深的小巷中传来叫卖杏花的声音。陆游这里虽然用了比较明快的字眼，但用意还是表达自己的郁闷与惆怅，明媚的春光与自己落寞的情怀构成了鲜明对照。

接下去的颈联就道出了他的这种心情。在这明艳的春光中，诗人只能"矮纸斜行闲作草"，陆游擅长行草，从现存的陆游手迹看，他的行草疏朗有致，风韵潇洒。这一句暗含了一个典故。据说东汉末年的张芝擅草书，但平时都写楷字，人问其故，回答说，"匆匆不暇草书"，意即写草书太花时间，所以没工夫写。陆游此时客居京华，闲极无聊，所以以草书消遣。

"晴窗细乳戏分茶"，因为是小雨初霁，所以说"晴窗"，"细乳戏分茶"就是品茶、玩茶道。"细乳"是指茶水冲进茶碗里溅起的白色小泡沫。冲茶要把茶壶提得很高，从高的地方灌注下去，水势很急，带起白色的泡沫。"分茶"是当时煎茶的一种方法，就是在用水冲泡的同时搅拌。无事而作草书，晴窗下品着清茗，表面上看，是极闲适恬静的，然而在这"闲"的背后，正藏着诗人无限的感慨与牢骚。陆游素来有为国家干一番轰轰烈烈事业的宏愿，但严州知州的职务本与他的志向不合，何况觐见一次皇帝，不知要在客舍中等待多久！国家正是多事之秋，而满怀抱负一腔热血的陆游却只能在此以草书品茶消磨时光，真是无聊而可悲！于是再也按捺不住心头的怨愤，写下了结尾两句。

"素衣莫起风尘叹，犹及清明可到家"，诗人称清明不远，应早日回家，而不愿在这所谓"人间天堂"的江南临安久留。不要叹息那京都的尘土会弄脏洁白的衣衫，暗指不必担心京都的不良之风会污染自己的品质，清明时节还来得及回到山阴老家。每逢清明时节，人们都会回乡祭祖，缅怀祖先。虽然临安城春色明媚，繁华喧嚣，但陆游是清醒的，他在临安表面的升平气象中看到了世人的麻木、朝廷的昏聩，想到了自己未酬的壮志。透过诗的表面，我们仍依稀可见一个威武不屈的形象，这个形象才是真正的陆游陆放翁。

《冬夜读书示子聿》：陆游教子

冬夜读书示子聿

宋·陆游

古人学问无遗力，
少壮工夫老始成。
纸上得来终觉浅，
绝知此事要躬行。

　　这首诗是陆游写给他儿子的。古时大家庭有写家训传子孙的传统，家训一般是父辈写给子侄辈，希望自家子弟成才，内容往往是告诫子侄应该如何为人处事，如何读书、做学问等等。陆游这首《冬夜读书示子聿》就有家训的意味。子聿是陆游的小儿子。

　　"古人学问无遗力"，"遗"就是保留，"无遗力"就是用出全部力量，没有一点保留，不遗余力。这里的"学问"做动词用，"学"是听别人讲，"问"是自己研究，其实很多时候"问"比"学"更重要一些。

古人读起书来是非常勤奋、非常刻苦、不遗余力的。

"少壮工夫老始成","始"是才,此句的意思是年轻时候下的功夫,一直要到老,才能有所成就。只有不断地努力,始终保持这种勤奋,才能达到陆游所说的"少壮工夫老始成"的程度。不是只有在临近考试的时候才开始努力读书,临时抱佛脚是没有用的,学习是一辈子的事情。

"纸上得来终觉浅,绝知此事要躬行。"这两句好像又把前边勤奋好学的论点给推翻了,意思是在书本里学到的东西,到头来还是太肤浅、太有限了,真正要把学到的东西化成自己的能耐,还是要踏下身子来亲身实践。"绝知"是说深入透彻的了解,"躬行"就是亲身实践。这也是平哥很有感慨的地方,同一本书,小时候读和现在读的感受是完全不一样的,小时候也明白其中的道理,也知道它讲的是什么,但是当时的理解比较浅显。当自己有了一些阅历,再来读这本书,就会有不同的感受。因为自己"躬行"过了,所以对道理的理解就更加深入了。

各位同学也是一样,学习很重要,要早下功夫,少壮不努力,老大徒伤悲。不能找任何借口逃避读书,要努力读书,也不能死读书,因为"纸上得来终觉浅",不能犯赵括纸上谈兵的错误。要把课本上学到的理论应用到现实生活当中,应用到实践当中,理论和实践相结合,变成自己的真实本领。

《秋夜将晓出篱门迎凉有感》：为遗民呼号

秋夜将晓出篱门迎凉有感二首（其二）

宋·陆游

三万里河东入海，

五千仞岳上摩天。

遗民泪尽胡尘里，

南望王师又一年。

  这首诗是陆游在为国家和北地百姓鸣不平，其中的感情不只是"痛苦"，还有"悲愤"。作此诗时，陆游六十八岁，中原地区已沦陷于金人之手六十多年了。标题中的"将晓"是指天快亮了，从这里我们可以看出陆游一晚上没睡踏实，天还没亮就醒了。"篱门"是指用竹子或树枝编的门，此处代指陆游住的茅草屋。"迎凉"是指初秋的凌晨一出家门感到一阵凉意，这种凉意把陆游心里的悲愤勾出来了。看来，平静的村居生活并没有让陆游的心平静下来，依然心存天下，壮怀激烈。

　　第一第二句对仗极工整。"三万里河东入海，五千仞岳上摩天。"气势恢弘。"三万里"是说河的长度，虚指，极言其长。"河"是指黄河。这句有种杜甫沉郁的味道。后一句视野相当辽阔，"五千仞岳上摩天"，写完河，写山。"仞"是古代的长度单位，一仞大概是七八尺，"五千仞"同样也是虚指，指特别高。诗中的"岳"指华山。为何指华山呢？华山在今陕西省渭南市，南接秦岭，而秦岭北麓即为大散关——当时是宋金西部分界线。陆游曾在四川宣抚使王炎的幕府做事，后驻军南郑，而南郑也在陕西西南边陲，陆游还曾献《平戎策》指出收复中原必先夺取长安（今陕西西安）等，陆游之后的很多诗词也都提到那一时期的军旅生活，可见，陕西渭南这片地域在陆游心中的分量。所以"五千仞山上摩天"中的"岳"指华山自然最恰当了。前两句写的是祖国的壮丽山河，山河越壮丽，内心越悲愤，为什么？因为如此大好山河，全部沦陷于敌人手中了。这里其实用到了反衬的写作技巧，明明要表达痛苦悲愤之情，写的却是它的壮丽美好。用反衬的写法，更能表现出诗人当时那种愤慨。

　　这首诗的起承转合做得非常好，下两句笔锋一转，顿觉风云突起，诗境向更深远的方向开拓。"遗民泪尽胡尘里"，"泪尽"一词，千回万转，更饱含无限酸辛。百姓眼泪流了六十多年，早已尽了，都哭干了，为什么？因为大宋朝三万里河五千仞岳附近的老百姓们都已经成了被当今朝廷抛弃的遗民了，他们已经归金人统治，可想而知他们的日子有多么艰难困苦。"南望王师又一年"，但即使"眼枯终见血",那些心怀故国的遗民依然企望南天,翘首以待,期盼着朝廷派兵来平定中原。金人马队扬起的灰尘,隔不断他们苦盼王师的视线。以"胡尘"作"泪尽"的背景,感情愈加沉痛。结句一个"又"字扩大了时间的上限。他们年年岁岁盼望着南宋朝廷能够出师北伐,可是岁岁年年此愿落空。他们哪里知道,那个贪图享乐的南宋朝廷早已把他们忘得干干净净了。

  陆游一两岁时就经历了战乱的逃亡生活,遇到金兵时一家人躲在草丛里不敢出声,一直到六七岁,陆游都生活在义军的山寨之中。幼年的成长经历,为陆游一生的抗金之志打下了坚实的基础,陆游是那种把爱国情怀融入血液里、浸润到骨子里的人。到现在陆游已经六十八岁了,南宋朝廷六十六年一直没打回去。陆游写北方遗民苦望实际是在表露自己的失望。南宋统治集团醉生梦死于西子湖畔,把大好河山、国恨家仇抛在脑后,可谓心死久矣。虽然有失望但陆游并没有绝望,他为遗民百姓呼号,目的还是想引起南宋当权者的警觉,激起他们的恢复之志。

《十一月四日风雨大作》：僵卧孤村心怀故土

十一月四日风雨大作

宋·陆游

僵卧孤村不自哀，

尚思为国戍轮台。

夜阑卧听风吹雨，

铁马冰河入梦来。

《十一月四日风雨大作》是陆游的经典篇目。写这首诗时陆游六十八岁，被罢官后闲居山阴老家。虽然年迈，但爱国情怀不减，无奈收复国土的强烈愿望，在现实中已不可能实现，于是，在一个"风雨大作"的夜里，触景生情，由情生思，在梦中实现了自己金戈铁马驰骋中原的夙愿。

"僵卧孤村不自哀"是写眼前的景象，陆游说自己岁数大了，不能参与国家事务，但并不觉得哀伤。"僵卧"形容自己年岁已高，穷居孤村，无所作为。

"孤村"，荒僻的小山村，指作者的故乡山阴。其实这其中有不能参与到国家世事当中的失落，虽然失落，却不为自己感到哀伤。"不自哀"三个字情绪急转，又体现出一种乐观豪放之气。贫病凄凉对他来说没有什么值得悲哀的，他内心深处需要的不是同情，而是理解，他终生不渝的统一之志、他为这个壮志奋斗的一生，他的满腔热血、一颗忠心，需要被当朝者理解。

"尚思为国戍轮台"，还在想着为国家戍守边疆。"轮台"是古时候的边防重地，在今新疆境内，这里代指宋代北方边疆。"戍"就是戍守，守卫。陆游六十八岁了，还想着保家卫国，当天有什么事触动情怀了吗？果然，触动情怀的句子就来了，"夜阑卧听风吹雨，铁马冰河入梦来"，夜深了，大半夜的时候听到外面风雨交加，梦到自己当年在陕西戍守边疆的场景。"夜阑"就是夜深了，"铁马"是指披着战甲的马，"冰河"泛指北方严寒之地，以此衬托抗金义士的坚强勇猛以及收复失地的斗志。陆游感慨自己空有报国之志，却屡遭排斥，到老来，还"尚思为国戍轮台"，只能将一腔爱国之情诉诸梦境。

"僵卧孤村不自哀，尚思为国戍轮台。"是诗人灵魂和人格的最好说明，山河破碎、国难当头，自己热心抗敌却屡受打击，最后罢官闲居。作为一个年近七旬的老人，一生问心无愧，对国家的前途和命运尽到了自己的责任。虽说"天下兴亡，匹夫有责"，但对一个年迈多病的老人来说，也已不必承担报国杀敌的义务了。但陆游仍抱有"为国戍轮台"的壮志，让人肃然起敬。相比之下，那些屈辱投降的达官贵人和苟且偷生的南宋王朝，他们承担着统一中原收复失地的责任和义务却无心复国，显得既渺小又可悲。

诉衷情·当年万里觅封侯

宋·陆游

当年万里觅封侯,匹马戍梁州。

关河梦断何处?尘暗旧貂裘。

胡未灭,鬓先秋,泪空流。

此生谁料,心在天山,身老沧洲。

"当年万里觅封侯,匹马戍梁州",回想当年奔赴千万里之外的战场去寻找建功立业的机会,单枪匹马守卫梁州。"当年"指的是1172年,陆游应四川宣抚使王炎之邀,前往当时西北前线重镇南郑(今陕西汉中)军中任职,在那里度过了八个多月的戎马生活。"觅封侯"用班超投笔从戎、立功异域"以取封侯"的典故,写自己报效祖国,收拾旧河山的壮志。一个"觅"字显出词人当年自信的雄心和坚定执着的追求精神。"万里"与"匹马"形成空间上的强烈对比,单枪匹马征万里,奔赴边境戍守梁州。"戍梁州",指出驻守的地方,南郑属古梁州。

"关河梦断何处，尘暗旧貂裘"，"关"是关塞，"梦断"是梦醒，这句话正确的语序是"梦断关河何处"，做梦的时候又梦到"铁马冰河"了，梦醒之后，一切都消失了，梦中的关塞、河流到底是哪里？"断"字用得非常好，对陆游来说确实是梦断，曾经怀揣梦想"匹马戍梁州"，结果军队被裁撤，杀敌报国的理想破灭。当年曾穿过的貂裘戎装，如今已积满灰尘，又暗又旧。这其实是陆游在隐喻自己的年轻岁月不再以及对世事沧桑的感慨。

"胡未灭，鬓先秋，泪空流。"金国还没有被打掉，故土还未光复，而自己已经两鬓斑白，年老体衰。"泪空流"是说自己壮志成空，忧国忧民的眼泪流再多也没有用了。一个"空"字，蕴含了几多感慨，几多悲愤。既有诗人内心的失望和痛苦，也有对南宋朝廷的不满和愤慨。

"此生谁料，心在天山，身老沧洲"，谁能料到，我这一生，心始终驰骋于疆场，身却闲居起来，僵卧孤村了。如果说整首词从开始到"泪空流"都是在讲爱国情怀，那么最后这句就是在感慨人生。总以为年轻时的志向会一步步达成，但是两鬓斑白了才发现愿望总是美好的，而现实总是残酷的。"天山"就是西北边疆，代指前线。"沧洲"，靠近水的地方，古时候常用来泛指隐士的隐居所在。

人生的很多痛苦都来源于身心的不协调，陆游一生起起伏伏，贬官升迁循环往复，真正想做的还是投身战场、杀敌报国、光复神州，但老了只能是"心在天山，身老沧洲"，真真是辜负了一颗赤子之心！

《示儿》：绝笔和希望

示儿

宋·陆游

死去元知万事空，

但悲不见九州同。

王师北定中原日，

家祭无忘告乃翁。

　　此诗为陆游的绝笔，作于1210年。时年八十五岁的陆游一病不起，此诗，既是诗人的遗嘱，也是诗人发出的最后的抗战号召。全诗悲壮沉痛地表达了诗人对收复失地的期盼。

　　"死去元知万事空，但悲不见九州同"，人死后万事空空无牵无挂，唯一感到悲哀的是没有看到天下统一。"元"通"原"。"但"在这里是"只是"的意思，"九州"这里指宋代的中国。这是陆游向儿子们交代他至死也无法排除的极大悲痛的心境。这一句中的"悲"字是句眼，诗人临终前悲怆的不是个人生死，而是看不到天下统一。

"王师北定中原日，家祭无忘告乃翁。"南宋的军队终有平定天下收复中原的一天，到了那天一定要给我烧炷香，告诉我这天大的好消息。陆游到死都不能原谅南宋朝廷懦弱无能、偏安一隅，在生命的最后阶段，他依然对统一天下抱有坚定的信念。

这首诗虽然悲怆，背后还是充满希望的，至少陆游相信他的儿子能看到"王师北定中原日"。希望总还是要有的，哪怕非常的卑微、渺茫，正是因为有这样的希望在，这世上才会有英雄；正是因为有希望在，人间才值得。就像鲁迅在他的文章中写的：真的猛士，敢于直面惨淡的人生，敢于正视淋漓的鲜血。

这首诗短短二十八个字，披肝沥胆地嘱咐着儿子，无比光明磊落，激动人心！浓浓的爱国之情跃然纸上。从诗中可以领会到陆游的爱国激情是何等的执着、深沉、真挚！陆游的家国情怀，植根于每一个中国人内心深处。

指月手

从小,就没想过做老师。

高考前填志愿,因为有自主招生的加分,所以"不选对的,只选贵的"——哪个分高报哪个——填了从小就梦想却又不太敢想的复旦新闻。

那年头,新闻系可吃香了。

从小梦想新闻系,是因为做"小记者"风光:穿着有很多口袋的红马甲,煞有介事地问一些似是而非的问题,回家挤牙膏似地写几百字的作文,过两天真发表了,盯着报上自己的名字脸红心跳,美得哟!

写清楚六要素就是新闻了吗?那时候哪儿懂啊,自我陶醉罢了,过家家似的。真说做记者,吸引我的是四个字:无冕之王。

一次去工厂"采访",厂长介绍说工厂里用了不少残疾人,帮助就业。而后带我们小记者参观,一路上没见到一个残疾人,我当着领导的面就问:您说的残疾人哪儿去了?今天都不上班呀?别笑,我那时认真问的。按现在的标准,这情商就有点让人着急了。可我是真把自己当"无冕之王"来着。

和填志愿时的"瞎蒙"不同，读新闻而放弃新闻，是我的主动选择。

校报、杂志、产经、电视台、综艺节目、公关公司，所有的实习都在媒体，拿得上台面的拿不上台面的多少都见过一些。所以放弃，并不是一个容易的选择。

俱往矣。

不是没有挣扎过，我还谋划过自己创业办杂志呢。结局当然是失败，跟大先生在《呐喊·自序》里写的几乎如出一辙。

五四以降，知识分子有办报的风尚。一来是为稻粱谋，断了科考仕途、身无长物的读书人只能靠笔杆子吃饭；二来也确有情怀理想：启迪民智，启蒙大众。

但启蒙谈何容易！九万里神州，五千年文明，中国人的"理性"从孔孟之前就被启迪了，王朝兴亡更替，多少书生勇士付出多少涕泪血汗，可阿Q还是要打小D，祥林嫂到底"消尽了先前悲哀的神色"。敢问大先生，一百年了，"铁屋子"可曾破毁了吗？

文艺改变不了中国。

那代知识分子其实早想到过，真要说改变，大约只有从孩子开始。大先生借狂人之口说出的"救救孩子"，不是信笔由缰！

可那代人着急——他们想教的是王侯将相，哪怕启蒙民众，也至少得是个成年人。教孩子？得多少年才见效啊。何况那半大小子黄毛丫头，他们听得懂吗！

放弃了新闻以后，我才想做老师。

能力有限，成不了"喉舌"；才疏学浅，只敢教半大小子黄毛丫头。

后记

其实都谈不上"教"。十几年来,这些半大小子和丫头们给我的,比我给他们的,多得多了。

老师是什么?韩愈说"师者,传道授业解惑也"。可谁说老师自己就已得了"道"呢?老师也有很多解不开的"惑"啊。再说,学习非得靠老师吗?我两岁的女儿吃喝坐卧哭笑言语,哪件都不是"教"会的呀。老天给了我们眼睛耳朵和大脑,以充满好奇的赤子之心探索世界,才是最扎实也最有效的学习啊!

老师是园丁,可小草发芽玫瑰开花,还是靠它自己向土里扎根,向太阳生长。孩子们个个浑然天成,我区区一个老师,何德何能谈得上"启蒙"?

人间自有好风光。名山大川、英雄美人、日月星空、真理哲思……教,哪里教得过来?

真正的"教",是使尽浑身解数,把孩子的眼光聚拢来,然后把这大好的风光,指给他们看。

历史长河的英雄美人是"月",精神家园的真理哲思是"月",这本书里的诗词文采风流也是"月"。

一个能时常抬头望月的人,是不会太蝇营狗苟于功利的。

所以,不做"喉舌",不谈"启蒙",安心做一双"指月手"。

这本书,亦不过抛砖引玉。我使尽解数把月指给你了。愿你从词章文句里读出真,悟出美。

图书在版编目(CIP)数据

读懂诗人才懂诗·第二季 / 浦宇平著 .-- 济南：山东科学技术出版社，2020.4（2022.7 重印）

ISBN 978-7-5723-0280-0

Ⅰ.①读… Ⅱ.①浦… Ⅲ.①诗人- 生平事迹- 中国- 宋代 Ⅳ.① K825.6

中国版本图书馆 CIP 数据核字 (2020) 第 043115 号

读懂诗人才懂诗（第二季）
DUDONG SHIREN CAI DONGSHI

作　　者：浦宇平
统筹策划：李海英
责任编辑：李海英　韩晓萌
装帧设计：侯　宇

主管单位：山东出版传媒股份有限公司
出　版　者：山东科学技术出版社
　　　　　　地址：济南市市中区舜耕路 517 号
　　　　　　邮编：250002　电话：（0531）82098088
　　　　　　网址：www.lkj.com.cn
　　　　　　电子邮件：sdkj@sdcbcm.com
发　行　者：山东科学技术出版社
　　　　　　地址：济南市市中区舜耕路 517 号
　　　　　　邮编：250002　电话：（0531）82098067
印　刷　者：济南新雅图印业有限公司
　　　　　　地址：济南市历城区西周南路32号
　　　　　　邮编：250100　电话：（0531）69950000

规格：16 开（170 mm×240 mm）
印张：18.5　字数：210 千
版次：2020 年 4 月第 1 版　2022 年 7 月第 5 次印刷
定价：48.00 元